이화유치원

교육과정 운영의 실제

만 3세 ⑤ 동물

이화유치원 교육과정 운영의 실제

만 3세

5 동물

이화여자대학교 사범대학 부속이화유치원

(주)교 문 사

머리말

올해로 97년의 오랜 역사와 전통을 자랑하는 이화유치원은 우리나라에서뿐만 아니라 전 세계에서 탁월한 유아교육을 실행하는 유치원으로 높이 평가받고 있습니다. 이화유치원은 이에 긍지와 자부심, 책임감을 가지고 있으며, 무한한 가능성을 가진 유아들이 바르고, 착하고, 아름답게 자랄 수 있도록 최적의 교육환경과 교육과정을 제공하기 위해 항상 노력하고 있습니다. 더 나아가 미래사회를 책임질 유아들의 건강한 성장과 발달을 위해 끊임없이 새로운 프로그램을 개발하고, 유아교육의 질을 제고하기 위한 연구를 지속하여 유아교육 발전을 선도해 가고 있습니다.

유아의 성장 및 발달에 적합한 환경과 교육과정으로 질 높은 유아교육을 충실히 실행하는 것이 이화유치원의 중요한 사명 중 하나라면 또 다른 중요한 사명은 유아의 발달 및 유치원 교육과정, 교수방법, 교육환경 등에 관한 연구를 수행하고 그 결과를 출판하여 보급하는 것입니다. 이에 따라 이 책 『이화유치원 만 3, 4, 5세 교육과정 운영의 실제』는 이화유치원의 중요한 사명을 성공적으로 완수해 낸 결과물인 것입니다.

이화여자대학교 사범대학 부속이화유치원에서 1992년과 1995년 두 번에 걸쳐 『만 3, 4, 5세 어린이를 위한 유치원 교육과정 운영의 실제』를 출판한 지 어느덧 16년이 지났습니다. 2004년에 이화유치원 창립 90주년 기념행사를 성황리에 개최한 이후 새로운 『만 3, 4, 5세 유아를 위한 이화유치원 교육과정 운영의 실제』를 출판하기 위한 준비 및 집필 작업을 계속해 왔고 드디어 2011년에 출판하게 됨을 매우 기쁘게 생각합니다.

『이화유치원 만 3세 교육과정 운영의 실제』의 1학기 생활주제는 「즐거운 유치원」, 「나」, 「봄」, 「가족」, 「동물」, 「여름」이고, 2학기 생활주제는 「교통기관」, 「우리나라」, 「소비생활」, 「가을」, 「겨울」입니다. 기존 만 3세 교육과정 운영의 실제에서 제시한 생활주제 중 「즐거웠던 여름방학」을 「여름」으로 통합했고, 「가족」과 「소비생활」을 새로운 생활주제로 추가했습니다.

『이화유치원 만 3세 교육과정 운영의 실제』는 동일하게 3개의 장으로 구성되어 있습니다.

1장에서는 각 생활주제 선정의 의의와 교육 목표를 소개했습니다. 생활주제에서 다루어야 할 학습 내용을 2~5개의 주제로 구분하고, 주제별로 교육 목표와 내용을 설명했습니다. 2장에서는 교육환경에 대해 소개했습니다. 원내와 교실의 흥미 영역을 교육 내용에 적합하게 구성하는 방법을 설명했고, 사진을 실례로 소개했습니다. 3장에서는 생활주제에 적합한 교육활동을 주제별로 소개했습니다. 교육활동의 전개 방법에서는 유아들이 흥미를 가지고 능동적으로 참여하여 교육 내용을 이해하고 학습할 수 있도록 하기 위해 교사가 만 3세 유아들의 발달 수준, 지식, 경험 등에 적합한 교육적 대화를 어떻게 나누는지를 소개하는 데 중점을 두었습니다. 이 책에 수록된 교육활동을 현장에서 실시할 때 도움이 되도록 교사의 질문 및 언어적 상호작용을 구체적으로 자세하게 기술하였고, 내용을 쉽게 이해할 수 있도록 사진 및 삽화를 수록했습니다. 활동 시 참고할 사항을 Tip으로 제시했고 유의점에 주의해야 할 사항을 설명했습니다. 또한 확장활동 및 관련활동을 제시하여 교육활동들 간의 연계성을 강조했습니다. 부록에는 주간교육계획안과 일일교육계획안의 예시를 수록하여 실제 교육계획안 수립 시 참고할 수 있도록 했습니다.

이화유치원에서는 교육과정의 학습경험 설정 및 효과적 조직에서 요구되는 세 가지 준거—계속성(continuity), 계열성(sequence), 통합성(integraty)—를 갖추고자 지속적인 연구와 노력을 거듭하고 있습니다. 이 책에서는 만 3, 4, 5세 교육과정 간 계속성, 계열성, 통합성에 초점을 맞추어 연구 · 개발된 새로운 생활주제, 주제 및 교육활동들을 소개했습니다. 또한 본 유치원에서 지난 10여 년간 실행해 온 각종 연구들—기본생활습관교육, 소비자교육, 극놀이, 요리활동, 종일반 프로그램, 수학교육, 리더십교육, 언어교육, 동작교육, 문학교육, 전통문화예술교육—을 통해 새롭게 개발된 생활주제, 주제 및 교육활동들을 이 책에 소개했습니다. 기존『만 3세 어린이를 위한 유치원 교육과정 운영의 실제』에 수록되었던 활동들의 경우, 최근 유아들의 발달적 특성, 요구, 흥미에 적합하게 또한 시대적 변화와 요구에 부응할 수 있도록 수정 ·

보완해서 소개했습니다.

그동안 이 책이 출판될 수 있도록 도와주신 여러 분들께 머리 숙여 감사를 드립니다. 먼저 『이화유치원 만 3세 교육과정 운영의 실제』를 함께 집필해 주신 이화유치원 전·현직 교사들—오지영, 김혜전, 이지현, 임예지, 장현진—께 감사를 드립니다. 유아교육 발전을 위한 이화유치원의 사명을 완수하기 위해 지난 몇 년간 주말이나 공휴일은 물론이고 방학에도 쉬지 못하면서 이 책의 집필 과정에 참여해 주신 여러 분들의 헌신적 노력은 유아교육의 역사에서 오래 기억될 것입니다. 이 책의 집필 과정에서 여러모로 도움을 주신 이화유치원 전·현직 교사들—이정현, 차기주, 홍서연—께도 깊은 감사를 드립니다. 또한 이 책을 출판해 주신 (주)교문사 류제동 사장님, 정용섭 부장님을 비롯한 직원 여러 분들께도 진심으로 감사를 드립니다.

끝으로 이 책이 출판될 수 있도록 간접적으로 도와주신 분들께도 감사를 드립니다. 그동안 유아교육을 공부하는 학부생 및 대학원생, 유아교사, 유아교육학자, 유아교육 전문가 및 행정가, 심지어 학부모들께서도 이 책이 언제 출판되는지를 문의하고 출판을 서둘러 주기를 부탁하셨습니다. 『이화유치원 만 3, 4, 5세 교육과정 운영의 실제』를 하루빨리 출판해 달라는 많은 분들의 요청이 저희들에게 든든한 힘과 격려가 되어 주었기에 이 자리를 빌려 감사의 마음을 전하며, 여러분들께서 기대하신 만큼 큰 도움 받으시기를 바랍니다.

2011년 7월 25일

집필진 대표 홍용희

차 례

1장

생활주제 선정의 의의와 목표

1 장

생활주제 선정의 의의와 목표

1. 생활주제 선정

생활주제 '동물'은 유아들이 주변에서 자주 볼 수 있는 동물의 종류 및 특성과 보호하는 방법을 알고 동물을 사랑하는 마음을 가질 수 있도록 하기 위해 선정되었다. 동물은 유아들이 친숙함을 느끼고 관심을 보이는 대상이다. 유아들은 생활 속에서 다양한 동물을 접하면서 동물의 생김새나 움직임, 동물이 내는 소리 등을 탐구하는 것을 즐긴다. 또한 유아들은 동물을 의인화하거나 직접 동물이 되어 움직이고 소리 내어 보면서 동물을 더욱 친숙하게 느끼기도 한다. 동물의 종류와 특성을 탐구하는 과정을 통해 유아들은 자연에 적응하며 살아가는 동물의 습성을 알게 되고 동물의 세계를 이해하게 된다. 나아가 유아들은 동물과 안전하게 상호작용하는 방법을 알고 실천하면서 동물을 더욱 사랑하는 마음을 갖게 된다.

'동물' 생활주제는 유아들의 생활과 밀접하고 친숙한 정도에 따라 애완동물과 동물원 동물로 구분하여 교육 내용을 구성하였다. 개, 고양이, 거북이, 달팽이 등 유아들 주변에서 자주 볼 수 있는 애완동물과 호랑이, 사자, 코끼리 등 유아들이 동물원에서 많이 접할 수 있는 동물원 동물의 특성과 종류를 알아보면서 동물들의 세계를 이해하고 동물을 안전하게 보살필 수 있는 태도를 형성할 수 있도록 하였다.

2. 주제 및 목표 선정

'동물' 생활주제는 '애완동물', '동물원 동물'로 구성하였다.

생활주제	주제
동물	애완동물
	동물원 동물

각 주제별 교육 목표 및 교육 내용은 다음과 같다.

주제	분류	목표 및 내용
1. 애완동물	교육 목표	• 친숙한 동물의 이름을 안다. • 친숙한 동물의 생활습성을 안다. • 동물을 사랑하는 마음씨를 기른다. • 동물을 안전하게 다루어야 함을 알고 실천한다.
	교육 내용	'애완동물' 주제에서는 유아들에게 친숙한 동물의 이름과 생김새, 생활습성 등에 대해 알아본다. 동물에게 좋아하는 먹이를 주고, 동물을 안전하게 다루는 방법을 알고 실천하는 등의 경험을 통해 유아들이 동물을 사랑하는 마음씨를 기르도록 한다.
2. 동물원 동물	교육 목표	• 동물원에서 볼 수 있는 여러 가지 동물들의 이름을 안다. • 동물원에서 볼 수 있는 여러 가지 동물들의 생활습성을 안다. • 동물원의 동물을 안전하게 관찰하는 태도를 기른다.
	교육 내용	'동물원 동물' 주제에서는 유아들이 동물원에서 볼 수 있는 다양한 동물에 대해 알아본다. 동물원에서 볼 수 있는 동물의 이름과 생김새, 특징 등을 알아보면서 동물들이 살아가는 자연의 세계를 이해할 수 있도록 한다. 또한 동물원 동물을 안전하게 관찰하는 방법을 알고 실천하는 것을 목적으로 하고 있다.

2장

환경 구성

2장

환경 구성

1. 실내 환경 : 현관, 복도

1) 게시판

현관 게시판은 숲이나 초원 등 동물이 사는 곳을 배경으로 꾸민 후 유아들이 그린 동물 그림을 붙여 완성해 나간다. 게시판에는 해당하는 달의 교육활동 및 유치원 교육과정 관련 행사를 게시한다. 유아들이 생활주제 '동물' 에 대한 내용을 보다 심도 있게 학습할 수 있도록 학부모에게 협조를 부탁하는 내용의 안내문도 게시한다. 안내문에는 가족이 함께 동물을 관찰할 수 있는 적절한 장소를 알려주거나 가정에 있는 동물과 관련된 교육자료를 유치원에서 활용할 수 있도록 보내달라는 내용 등을 포함한다.

6월 유치원 현관 게시판

2) 복도 벽면

복도 벽면에는 유아들이 흥미를 보이는 동물들의 모습과 생활습성이 담긴 사진을 전시한다. 만 5세 유아들이 조사한 내용도 함께 게시하여 다양한 동물에 대한 정보를 공유하도록 한다. 또한 유아들이 흥미를 보이는 특정 동물(예: 유치원 마당에서 발견된 까치둥지와 까치 새끼, 공룡 등)에 대해 더욱 관심을 갖고 탐구할 수 있도록 동물과 관련된 화보 및 실물, 공동작품, 조사한 자료 등을 전시한다.

공룡에 대해 조사한 내용 및 공동작품

까치에 대해 조사한 내용 및 관련자료

까치 둥지 및 까치에게 보내는 편지

3) 복도 영역

복도 영역에 목재 동물인형과 울타리로 구성된 상상놀이 세트, 헝겊으로 만들어진 목장놀이 세트 등을 제공하여 유아들이 하루 일과 중 학급 이외의 공간에서 다른 학급 친구들과 동물과 관련된 다양한 상상놀이를 할 수 있도록 한다. 또한 소파, 쿠션 등으로 유아들이 독서할 수 있는 편안하고 아늑한 분위기를 구성하고 동물과 관련된 그림책, 동물도감, 과학 도서 등을 함께 제시한다.

동물인형(헝겊) 놀이

동물인형(목재) 놀이

2. 실내 환경 : 교실

- 생활주제 : 동물
- ○○○반 흥미 영역 배치도

○○○○학년도 ○월 ○주 ~ ○월 ○주

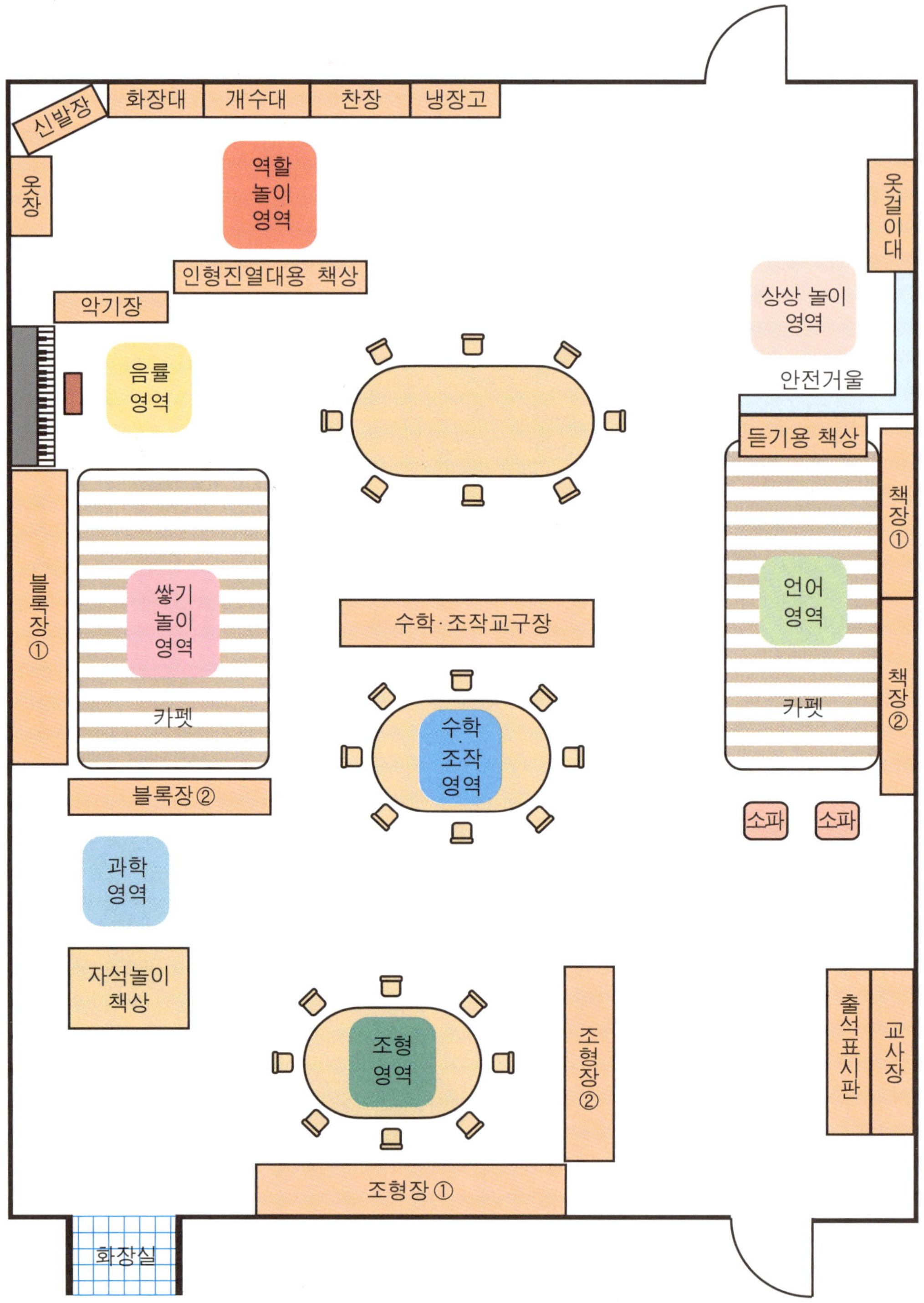

1) 교실 벽면

(1) 출석 표시판

출석 표시판은 교실 입구에 준비한다. 출석판 배경으로 산, 숲, 시냇가 등 자연 환경의 모습이 담긴 그림을 사용하며, 유아 이름표는 다양한 동물 그림을 제시한다. 유아들이 이름표를 배경판에 붙임으로써 숲 속에 동물들이 생활하는 모습이 완성되도록 한다.

'숲 속 모습' 배경판과 '동물' 이름표

(2) 벽면 전시

교실 벽면에는 생활주제 '동물'과 관련하여 애완동물, 동물원 동물의 사진 또는 그림 등을 게시한다. 또한 유아들이 가정에서 가지고 온 애완동물 관련 자료, 학급에서 활동한 '내가 좋아하는 동물' 이야기나누기 관련자료(예: 유아들이 좋아하는 동물 사진, 좋아하는 이유 등이 적힌 것 등)를 게시한다.

유아들이 가지고 온 '내가 기르는 동물' 이야기나누기 자료

'유아들이 좋아하는 동물' 이야기나누기 자료

2) 흥미 영역

(1) 언어 영역

① 읽기 영역

유아들이 책을 통하여 애완동물 및 동물원 동물의 종류와 특성, 동물을 사랑하고 보살피는 방법, 동물을 안전하게 다루는 방법 등에 대하여 알 수 있도록 이와 관련되는 내용의 책을 제시한다.

언어 영역 전경

② 말하기 영역

유아들이 여러 가지 동물의 흉내를 내어볼 수 있도록 막대동물 가면(예: 사자, 거북이, 원숭이, 코끼리 등), 동물 가면과 어울리고, 유아들이 몸에 두를 수 있는 크기의 동물무늬 천, 동물 모양 옷 등을 준비한다. 막대동물 가면은 낮은 책상에, 동물무늬 천과 동물 모양 옷은 옷걸이에 걸어서 제시한다. 또한 잘 깨지지 않는 안전거울을 놓거나 거울 시트지를 벽면에 붙여 유아들이 자신의 모습을 살펴볼 수 있도록 한다.

말하기 영역 전경

막대동물 가면

③ 듣기 영역

동물 울음소리를 듣고 알아맞히는 활동을 할 수 있도록 동물 울음소리 녹음자료(개, 고양이, 소, 닭, 오리), 카세트테이프 플레이어, 동물 그림카드(개, 고양이, 소, 닭, 오리)와 함께 해당 동물과 관련된 책을 제시한다. 이때 유아들이 스스로 카세트테이프 플레이어를 조작할 수 있도록 그림으로 그려진 조작 사용방법을 함께 준비한다.

듣기 영역 전경

동물 그림카드 책의 예

(2) 쌓기 놀이 영역

유아들이 여러 가지 동물의 모습에 관심을 가지고 친숙해질 수 있도록 동물 모형이나 동물 모양 블록을 추가로 제시한다. 또한 유아들이 블록을 활용하여 다양한 동물의 집을 구성할 수 있도록 벽면에 다양한 형태의 동물이 사는 집 그림 또는 사진을 게시한다. 유아들이 자유롭게 구성할 수 있도록 벽돌블록, 코코블록의 수를 넉넉히 준비하고, 땅, 풀밭, 바다 등을 표현할 수 있는 색깔 천을 함께 제시한다. 이와 함께 동물원을 구성하며 놀이할 수 있도록 자동차 모형, 플라스틱 사람 모형 등을 추가적으로 제시한다.

쌓기 놀이 영역의 전경 및 동물 모양 블록, 여러 가지 색깔 천

(3) 역할 놀이 영역

기본적인 역할 놀이 영역의 구성을 유지하면서 아래와 같은 놀이를 할 수 있도록 놀잇감을 준비하여 준다.

① 애완동물 기르기

유아들이 애완동물을 기르는 놀이를 할 수 있도록 다양한 종류의 애완동물 인형(예: 개, 고양이, 거북이, 햄스터, 새, 물고기 등)과 애완동물 용품(예: 애완동물 먹이, 애완동물 먹이 그릇, 목줄, 목욕용품 등)을 제시한다. 애완동물의 집으로 푹신한 쿠션, 플라스틱 모형 어항 등을 제시할 수 있으며, 쌓기놀이 영역에서 유아들과 만들어 사용할 수 있다.

② 동물인형 가게 놀이

동물인형 가게 놀이를 할 수 있도록 다양한 동물 봉제인형(예: 개, 고양이, 돼지, 원숭이, 곰, 사자, 호랑이, 기린 등)을 준비한다. 또한 계산기, 장바구니, 인형 카탈로그, 간판 등을 함께 제시한다.

동물인형 가게 놀이

(4) 수학 · 조작 영역

유아들이 동물에 대해 알 수 있도록 동물의 종류, 생김새, 생활 습성, 서식지 등의 내용을 포함한 조각 그림 맞추기, 숫자대로 물건 놓기, 패턴 구성하기, 끈 끼우기 등의 교구를 제시한다.

수학 · 조작 영역 교구장

(5) 과학 영역

유아들이 자력을 이용한 미로 찾기 놀이를 할 수 있도록 '거북이 길 찾기' 교구를 제시한다. 아크릴 놀이 틀, 거북이 길 찾기 그림 아크릴판, 손잡이 자석, 자석을 붙인 플라스틱 인형을 제시한다. 이때 자석은 아크릴판을 통과할 수 있는 정도의 자력을 가진 것으로 준비한다.

'거북이 길 찾기'

'거북이 길 찾기' 아크릴판 그림

유아들이 집에서 기르는 애완동물을 유치원에 가지고 왔을 때 과학 영역에 관찰할 수 있는 공간을 마련해 주어 유아들이 관찰하고 돌볼 수 있도록 한다. 해당하는 애완동물과 관련된 책, 사진 자료, 돋보기를 함께 제시한다.

유아가 집에서 가지고 온 햄스터

(6) 조형 영역

조형 활동에 사용하는 기본적인 자료(예: 색연필, 사인펜, 네임펜, 매직, 크레파스, 셀로판테이프, 딱풀, 안전가위, 16절 색도화지, 재활용품 등)는 유아들이 자유롭게 사용할 수 있도록 배치하여 둔다. 교사가 제공한 조형 활동에 사용했던 자료들을 유아들이 자유롭게 사용할 수 있도록 조형장에 제시한다. 또한 '동물' 생활주제와 관련하여 동물 모양 종이, 동물무늬 조각 천, 동물 모양 스티커 등을 준비해 놓는다.

조형 영역 전경

(7) 음률 영역

유아들이 쉽게 연주할 수 있는 다양한 종류의 악기를 준비하되, 생활주제 '동물'과 관련 있는 동물 모양 악기(예: 고양이 모양 방울악기, 코알라 모양 버린, 개구리 모양 마라카 등)와 동물 울음소리가 나는 악기(예: 귀로, 딱따구리 등) 등을 제시한다.

음률 영역 교구장

또한 동물과 관련된 음악(예: 동물의 사육제 등)을 감상할 수 있도록 CD 플레이어와 음악 자료를 제시하거나 유아들이 동물의 모습을 그림자를 이용하여 표현할 수 있도록 교실의 햇빛이 잘 들지 않는 곳에 투시물환등기(OHP), 그림자 막, 숲 속이 연상되는 음악 자료(예: 생상스의 '동물의 사육제', 젤다 OST '코끼리 숲', 프로코피예프 '피터와 늑대' 등), CD 플레이어 등을 제시한다.

동물 그림자 놀이

3장

활동

1. 애완동물
2. 동물원 동물

★ 주제별 활동 목록

		애완동물	동물원 동물
자유 선택 활동	쌓기 놀이 영역	애완동물 집 만들기	동물원 만들기
	역할 놀이 영역	애완동물 기르기	동물인형 가게 놀이
	언어 영역	동물 울음소리 알아맞히기	동물 상상놀이
	수학 · 조작 영역	당근 패턴 구성하기 두 조각 동물 그림 맞추기	숫자대로 물건 놓기
	과학 영역	햄스터 기르기	거북이 길 찾기
	조형 영역	동물 모양 고무도장 찍기 동물 모양 베껴내기 색종이 꾸미기	동물 모양 OHP필름 꾸미기 동물 모양 스텐실 그림자 보고 동물 그리기 동물 모양 콜라주 붓 그림
	음률 영역		그림자놀이 – 동물의 움직임 흉내 내기
	실외 영역	물 그림	
대소 집단 활동	이야기나누기	나의 애완동물 개 고양이 토끼 병아리	내가 좋아하는 동물 거북이
	동화 · 동극 · 동시	삐악이는 흉내쟁이(동극) 병아리(동시)	거북이(동시) 내 그림은 어디에 있을까?(동극)
	노래 · 음악감상 · 악기연주	나는 토끼(노래) 오리(노래) 동물 흉내(노래)	어떻게 할까?(노래) 산중호걸(노래) 동물의 사육제 – 제4악장 '거북이' (음악감상)
	율동	토끼 높이뛰기	거북이처럼 기어가기 뱀처럼 기어가기
	신체	토끼처럼 뛰어가서 당근 뽑아오기(게임) 동물 자리 바꾸기(게임) 유니바 넘기와 높이 뛰어 탬버린 치기(체육)	거북이가 되어 목적물 돌아오기(게임) 그림자 보고 동물 알아맞히기(게임)
	수학		동물 키 순서대로 놓아 보기
	과학	달걀 샌드위치	
	사회	동물 사랑하기	

※ 본 교재에 수록된 활동은 만 3세 '동물' 생활주제에서 실시하고 있는 교육 활동 중 일부만 소개된 것입니다.

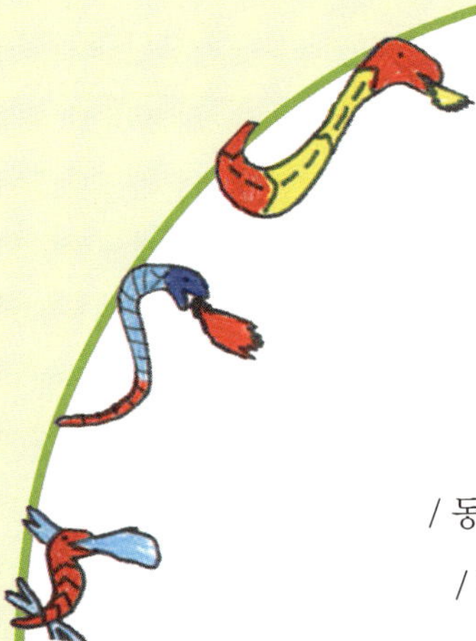

1. 애완동물

나의 애완동물 / 개 / 고양이 / 애완동물 집 만들기 / 애완동물 기르기
/ 동물 모양 고무도장 찍기 / 동물 모양 베껴내기 / 동물 울음소리 알아맞히기
/ 당근 패턴 구성하기 / 두 조각 동물 그림 맞추기 / 토끼 / 나는 토끼 / 토끼
/ 토끼처럼 뛰어가서 당근 뽑아오기 / 높이뛰기 / 병아리 / 삐악이는 흉내쟁이
/ 병아리 / 달걀 샌드위치 / 오리 / 햄스터 기르기 / 동물 흉내
/ 동물 자리 바꾸기 / 동물 사랑하기 / 색종이 꾸미기
유니바 넘기와 높이 뛰어 탬버린 치기 / 물 그림

활동 1 나의 애완동물

집단형태
대집단활동

활동유형
이야기나누기

활동자료
유아가 준비해 온 애완동물 관련 자료

활동목표

- 친숙한 동물의 이름을 안다.
- 친숙한 동물의 생활습성을 안다.
- 동물을 사랑하는 마음을 갖는다.

활동방법

○ 활동을 하기 전 전이시간, 귀가지도 시간 등에 유아들과 집에서 키우는 애완동물이 있는지, 어떤 동물을 키우고 있는지에 대해 이야기를 나눈다.
- 집에서 키우고 있는 동물이 있나요? 어떤 동물을 키우고 있나요?

○ 가정통신문을 보내어 유아들이 기르는 동물을 소개하는 시간을 가질 것임을 알리고 부모님들께 유아들이 애완동물의 사진과 애완동물의 나이, 먹이, 좋아하는 것 등에 대한 자료를 가져오도록 협조해 줄 것을 요청한다.
- 친구들에게 내가 집에서 기르고 있는 동물에 대해 소개하는 시간을 가질 거예요. 어떤 동물을 키우고 있는지, 이름은 무엇인지, 어떤 음식을 좋아하는지 등을 부모님과 함께 알아오세요.

○ 유아가 가지고 온 자료의 크기가 작을 경우, 대집단활동 시 사용할 수 있도록 교사가 자료를 확대 복사하거나 스캔하여 파워포인트 자료로 만든다.

○ 유아가 친구들에게 가정에서 준비해 온 자료를 보여 주며 자신이 기르는 애완동물에 대하여 소개한다. TIP
- ○○는 집에서 개를 기르고 있다고 해요. ○○는 앞으로 나와서 친구들에게 이야기해 주세요.
- 개의 이름은 무엇인가요?
- 개가 제일 좋아하는 먹이는 무엇인가요?
- 개가 제일 좋아하는 장난감은 무엇인가요?
- ○○는 개하고 무엇을 할 때 가장 기분이 좋은가요?

○ 위와 같은 방법으로 유아들이 가정에서 기르는 애완동물을 소개한다.

○ 소개가 끝나면 궁금한 것을 질문하는 시간을 갖는다.
- ○○가 키우는 동물에 대해 물어보고 싶은 것이 있나요?

○ 활동이 끝난 후 관련된 자료를 교실의 벽면에 게시하여 준다.

TIP 같은 종류의 애완동물을 키우는 유아가 있을 경우 2~3명씩 함께 소개할 수 있다.

개 소개하기

개구리 소개하기

유의점

- 부모님께 유아가 가정에서 키우는 애완동물(예: 햄스터, 거북이 등)을 유치원으로 가져와서 정해진 기간 동안 다른 유아들과 함께 관찰할 수 있는지 문의한다. 애완동물의 먹이, 키우는 방법 등을 부모님께 자세히 안내받아 교사와 유아가 함께 숙지하여 키울 수 있도록 한다.

활동 2

개

집단형태

대집단활동

활동유형

이야기나누기

활동자료

개와 관련된 시청각자료 또는 관련 서적

활동목표

- 개의 생김새 및 생활습성을 안다.
- 동물을 사랑하는 마음을 갖는다.

활동방법

○ 집에서 개를 기르고 있는 유아들의 경험담을 듣는다.

- 집에서 개를 기르고 있는 어린이가 있나요?
- 개의 이름은 무엇인가요?
- 개가 제일 좋아하는 장난감은 무엇인가요?

○ 개와 관련된 시청각자료 또는 서적을 보면서 개의 생김새에 대해 이야기를 나눈다.

- 개는 어떻게 생겼나요?
  - 다리가 4개이다.
  - 꼬리가 있다.
  - 털이 있다.
- 개는 어떤 소리를 내며 울까요?

○ 개의 생활습성에 대해 유아들과 이야기를 나눈다.

- (냄새를 맡고 있는 개의 그림을 보여 주며) 지금 개가 무엇을 하고 있는 것일까요?
  - 냄새를 맡고 있다.
- 개는 사람에 비해 냄새 맡는 것을 아주 잘 하는 동물이에요.
- (귀를 쫑긋 세우는 개의 그림을 보여 주며) 지금 개는 무엇을 하고 있는 것일까요?
  - 소리를 듣고 있다.
- 개가 기분이 좋은지, 화가 났는지 어떻게 알 수 있을까요?
  - 기분이 좋을 때는 꼬리를 흔든다.
  - 화가 날 때는 이를 드러내고 '멍멍' 큰 소리로 짖는다.
- 개는 달리기도 아주 잘하는 동물이에요. 그래서 사람들이 막대를 멀리 던져도 빨리 달려가서 잡을 수 있어요.

○ 개를 관찰하거나 기를 때의 주의할 점에 대해 이야기를 나눈다.

- 개를 보거나 집에서 기를 때 조심해야 할 점에는 어떤 것이 있을까요?
  - 주인이 없는 개를 함부로 만지지 않는다.

- 개를 화나게 하거나 괴롭히지 않는다.
- 개가 으르렁거릴 때는 물 수 있으므로 가까이 가지 않는다.
- 사람이 먹는 음식을 주지 않는다. 사람이 먹는 음식을 먹으면 아플 수 있다.

활동 3 고양이

집단형태
대집단활동

활동유형
이야기나누기

활동자료
고양이와 관련된 시청각자료 또는 관련 서적

활동목표

- 고양이의 생김새 및 생활습성을 안다.
- 동물을 사랑하는 마음을 갖는다.

활동방법

○ 고양이에 대한 경험을 유아들과 나눈다.

- 고양이를 본 적이 있나요? 집에서 고양이를 기르고 있는 어린이가 있나요?
- 어디에서 보았나요?
- 고양이가 무엇을 하고 있었나요?
- 고양이가 우는 소리를 들어 본 적이 있나요? 고양이는 어떤 소리를 내나요?

○ 고양이와 관련된 시청각자료 또는 서적을 보면서 고양이의 생김새에 대해 이야기를 나눈다.

- 고양이는 어떻게 생겼나요?
  - 다리가 4개이다.
  - 꼬리가 있다.
  - 털이 있다.
  - 긴 수염이 있다.
  - 세모 모양의 귀가 있다.

○ 고양이의 생활습성에 대해 유아들과 이야기를 나눈다.

- 고양이는 물을 싫어해요. 고양이는 발바닥이나 털이 젖는 것을 싫어하지요.
- 고양이는 나무를 아주 잘 타는 동물이에요. 고양이에게는 날카로운 발톱이 있기 때문에 발톱을 나무에 박으면서 나무를 잘 올라갈 수 있어요. 그리고 고양이는 등에 있는 뼈가 유연하기 때문에 높은 곳에서도 잘 뛰어내릴 수 있어요.
- 고양이는 밤에도 무엇이든지 잘 볼 수 있는 눈을 가지고 있어요.

○ 고양이를 관찰하거나 기를 때의 유의점에 대해 이야기를 나눈다.

- 고양이를 보거나 집에서 기를 때 조심해야 할 점에는 어떤 것이 있을까요?
  - 주인이 없는 고양이는 함부로 만지지 않는다.
  - 고양이에게 심한 장난을 치거나 괴롭히지 않는다.
  - 고양이가 화가 나면 발톱으로 할퀼 수 있으므로 조심한다.

• 사람이 먹는 음식을 주지 않는다. 사람이 먹는 음식을 먹으면 아플 수 있다.

○ '고양이' 노래를 유아들에게 소개한다.

■ 어떤 사람이 고양이를 보고 지은 노래가 있어요. 선생님이 한번 불러 볼게요.

○ '고양이' 노래를 다함께 부른다.

악 보

고양이

활동 4

애완동물 집 만들기

집단형태

자유선택활동

활동유형

쌓기 놀이 영역

활동자료

여러 종류의 동물 인형(예: 개, 고양이, 거북이, 햄스터, 새, 물고기 등), 여러 종류의 블록(종이벽돌 블록 등), 조각 천

유아들이 만든 강아지 집

활동목표

- 우리에게 친숙한 동물의 이름을 안다.
- 동물을 사랑하는 마음을 갖는다.
- 다양한 자료를 이용하여 창의적으로 입체물을 구성한다.

활동방법

○ 집에서 기르는 애완동물의 종류에 대해 이야기를 나눈다.

- 집에서 동물을 기르고 있는 사람이 있나요? 어떤 동물을 기르고 있나요?
- 집에서 기르는 동물은 어디에서 지내나요?

○ 유아들이 이야기한 것을 바탕으로 여러 종류의 애완동물 인형을 제시하며 각각의 동물 집을 만들기로 한다.

- 선생님이 여러 종류의 동물 인형을 준비했는데, 여기 있는 동물을 기르려고 해요. 동물들이 사는 집을 만들어 줍시다.
- 강아지 집은 무엇으로 만들까요? 강아지 집은 어떻게 생겼나요?

○ 다양한 블록과 재료를 사용하여 애완동물의 집을 구성한다.

유의점

- 여러 종류의 애완동물 사진과 각 동물이 사는 곳의 형태를 볼 수 있는 그림 또는 사진 자료를 쌓기 놀이 영역 벽면에 붙여 놓는다.

관련활동

- 역할 놀이 영역 '애완동물 기르기' (27쪽 참고)

활동 5 애완동물 기르기

활동목표

- 친숙한 동물의 이름과 생활습성을 안다.
- 동물을 사랑하는 마음을 갖는다.

활동방법

○ 유아들이 만든 동물 집에 각각의 애완동물 인형을 넣는다.
- ○○○반 어린이들이 만든 집에 동물인형을 넣어 줍시다.

○ 동물을 집에서 기를 때 필요한 것들에 대해 이야기를 나눈다.
- 동물을 기르기 위해서 또 어떤 것들을 준비해야 할까요?
  - 각각의 동물 먹이를 준비한다. 역할 놀이 영역의 음식 소품이나 작은 블록을 이용하여 먹이를 준비한다.
  - 동물 먹이를 담을 그릇을 준비한다.
  - 동물이 가지고 노는 놀잇감 또는 잘 때 필요한 것들(예: 이불, 베개, 장난감 등)을 준비한다.

○ 동물을 잘 기르려면 어떻게 해야 하는지 이야기를 나눈다.
- 동물을 아프지 않고 건강하게 잘 기르려면 어떻게 돌보아야 할까요?
  - 먹이를 준다.
  - 개나 고양이 같은 동물은 반드시 산책이나 운동을 시킨다. 하루에 2~3회 하지 않으면 병이 든다.
  - 더러워지면 목욕을 시킨다.

○ 기르고 싶은 동물을 맡아서 동물 기르기 놀이를 한다.
- 어떤 동물을 기르고 싶나요?

유의점

- 놀이를 진행하면서 더 필요한 놀잇감을 알아보고 첨가한다.
- 유아들이 각자 동물 역할을 맡아 놀이를 할 수도 있다.

관련활동

- 쌓기 놀이 영역 '애완동물 집 만들기' (26쪽 참고)

집단형태

자유선택활동

활동유형

역할 놀이 영역

활동자료

여러 종류의 동물 인형(예: 개, 고양이, 거북이, 햄스터, 새, 물고기 등), 애완동물 먹이 및 그릇

개 먹이 주기

개 산책시키기

개 재우기

활 동 6

동물 모양 고무도장 찍기

집단형태

자유선택활동

활동유형

조형 영역

활동자료

동물 모양 고무도장 5개 TIP 1 스탬프잉크, 16절지, 색연필, 사인펜, 크레파스

TIP 1 고무도장에 묻은 잉크의 색이 섞이지 않도록 고무도장에 각 색깔을 표시해 놓는다.

TIP 2 고무도장에 잉크를 골고루 묻혀 종이 위에 동물 모양이 잘 찍혀 나올 수 있도록 지도한다.

활동목표

- 친숙한 동물의 이름과 생김새의 특징을 안다.
- 도구의 올바른 사용법을 알고 활용한다.

활동방법

○ 준비된 동물 모양 고무도장을 살펴본다.

- 어떤 모양의 도장이 있는지 살펴보세요. 이 도장에 새겨진 동물은 무엇일까요?

○ 원하는 동물 모양의 고무도장을 골라 스탬프잉크를 골고루 묻힌 후 종이 위에 다양한 동물 모양의 고무도장을 찍는다. TIP 2

- 동물 모양 도장에 잉크를 고루 묻혀 보세요. 이제 종이에 찍어 봅시다.
- 이 동물과 함께 살 수 있는 다른 동물들을 찾아 찍어 보세요.

○ 스탬프의 잉크가 마른 후 사인펜, 색연필 등의 그리기 도구를 이용하여 색칠하거나 꾸민다.

- ○○가 찍은 동물은 어디에서 사는 동물일까요? 이 동물이 사는 집을 그려 볼까요?
- ○○가 찍은 동물을 색칠해 보세요.

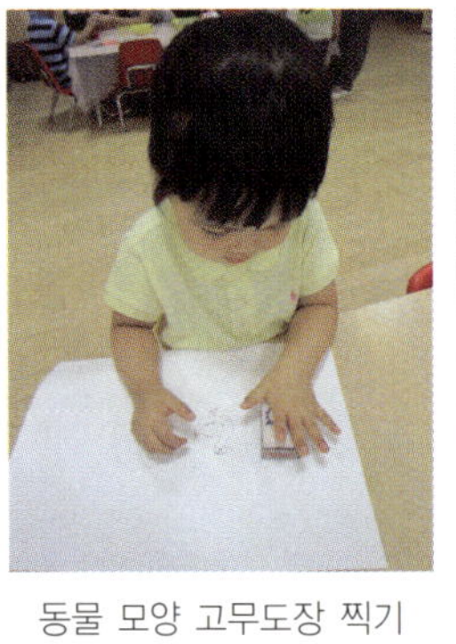

동물 모양 고무도장 찍기

'동물 모양 고무도장 찍기' 완성 작품

관련활동

- 조형 영역 '동물 모양 스텐실' (78쪽 참고)

활동 7

동물 모양 베껴내기

활동목표

- 친숙한 동물의 이름과 생김새의 특징을 안다.
- 도구의 사용법을 알고 바르게 사용한다.
- 손의 힘을 적절히 조절하며 그림을 베껴낸다.

활동방법

○ 베껴내기 틀을 탐색한다.

- 여러 가지 동물이 그려진 판이 있어요. 손으로 한번 만져 보세요.
- 느낌이 어떤가요?
- 베껴내기 틀 위에 종이를 올려놓고 색연필로 문지르면 어떻게 될까요?

○ 그림을 베껴낼 종이에 이름 스티커를 붙인다.

○ 베껴내고 싶은 동물을 정하고 베껴내기 틀 위에 종이를 올려놓는다.

○ 베껴내기 틀과 종이를 집게나 클립으로 집어 종이를 고정시킨다.

○ 색연필로 문질러서 동물을 베껴낸다.

○ 교사는 유아가 베껴낸 동물에 매직으로 테두리를 하고 모양대로 오린 후 교실 또는 복도 벽면에 전시한다.

색연필로 베껴내기

'닭' 모양 베껴낸 완성 작품

유의점

- 작업이 이루어지는 2~3일 동안 베껴내기 틀의 일부를 교체하며 다양한 동물 틀을 제시한다.
- 흰 종이 대신 기름종이를 사용할 수도 있다. 기름종이를 사용할 경우 베껴내기 틀의 모양을 보면서 색칠할 수 있으며 흰 종이에 베껴냈을 때와 다른 느낌을 경험할 수 있다.

집단형태

자유선택활동

활동유형

조형 영역

활동자료

동물 베껴내기 틀(예: 개, 고양이, 소, 닭, 거북이 등), 베껴낼 얇은 종이(베껴내기 틀보다 크기가 약간 크거나 같은 정도), 색연필, 사인펜, 짧은 크레파스, 집게나 클립, 이름 스티커

동물 베껴내기 틀

활동 8

동물 울음소리 알아맞히기

집단형태

자유선택활동

활동유형

언어 영역

활동자료

동물 울음소리 녹음자료(개, 고양이, 소, 닭, 오리, 돼지), 카세트테이프 플레이어, 동물 그림카드(개, 고양이, 소, 닭, 오리, 돼지)

활동목표

- 친숙한 동물의 이름을 안다.
- 동물 울음소리의 특징을 알고 표현한다.
- 소리를 주의 깊게 듣고 변별한다.

활동방법

○ 교사가 제시한 카드에 그려진 동물의 이름과 울음소리에 대해 이야기 나눈다.

- 여러 가지 동물의 그림이 그려져 있는 카드가 있어요. 선생님이 동물카드를 보여 주면 어떤 동물의 그림인지 이야기해 보세요.
- (그림카드를 보여 주며) 이 동물은 무엇일까요?
- 어떤 울음소리를 낼까요?

○ 녹음된 동물 울음소리를 듣고 어떤 동물인지 알아맞힌다.

- 선생님이 동물의 울음소리를 들려줄 거예요. 동물의 울음소리를 잘 듣고 어떤 동물인지 카드에서 골라 보기로 해요.
  - 유아들이 어떤 동물의 울음소리인지 모를 경우 교사가 힌트를 주거나 그림카드를 보여 준다.
  - 녹음된 동물 울음소리를 듣고 울음소리를 흉내 내어 보도록 한다.
- 어떤 동물의 울음소리인가요?
  - 돼지
- 돼지 울음소리를 듣고 흉내 내어 봅시다.
- 돼지 그림카드를 골라 보세요.

○ 다른 동물도 위와 같은 방법으로 수수께끼를 낸다.

○ 언어 영역에 녹음자료와 그림카드를 내 주고 유아들이 동물 울음소리를 들은 후 해당되는 동물카드를 찾아보도록 한다.

동물 울음소리 듣기

동물 그림카드 소개하기

동물 울음소리 듣고 알아맞히기

활 동
9 당근 패턴 구성하기

집단형태

자유선택활동

활동유형

수학 · 조작 영역

활동자료

당근 모형, 패턴판

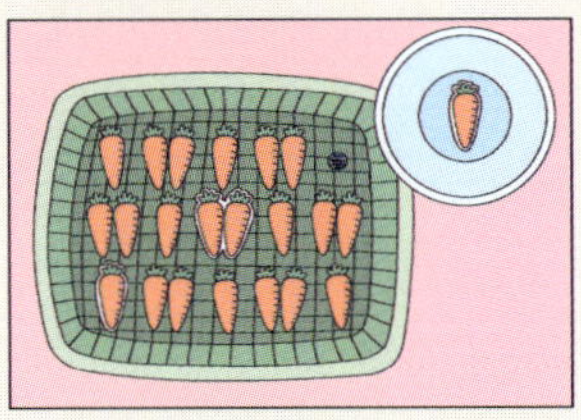

'당근 패턴 구성하기' 활동자료

활동목표

- 친숙한 동물의 생활습성을 안다.
- 여러 가지 물체나 무늬의 배열에서 간단한 규칙을 인식한다.

활동방법

○ 수학 · 조작 교구의 구성물을 살펴본다.

- 쟁반에 어떤 것들이 있나요?
  - 당근 패턴이 구성되어 있는 패턴판
  - 당근 그림
- 당근은 어떤 동물이 주로 먹는 음식인가요?
  - 말, 토끼

○ 당근 패턴이 구성되어 있는 패턴판을 살펴본 후 빈 칸에 알맞은 수의 당근을 붙인다.

- 당근이 어떤 순서로 붙어 있나요?
- (첫 번째 줄을 손으로 가리키며) 당근이 몇 개씩 붙어 있는지 함께 세어 봅시다.
  - 하나, 둘, 하나, 둘
- 빈 칸에는 당근을 몇 개 붙여야 할까요?

○ 완성된 패턴판의 당근 수를 세어 본다.

- 당근이 맞게 붙여졌는지 살펴보세요.

유의점

- 유아들이 패턴에 익숙해질 수 있도록 처음에는 단순한 패턴을 제공하고 활동에 익숙해지면 조금 더 다양한 패턴을 구성하여 제공한다.

활동 10 두 조각 동물 그림 맞추기

활동목표

- 친숙한 동물의 이름과 생김새의 특징을 안다.
- 부분과 전체의 관계를 안다.

활동방법

○ 수학 · 조작 교구의 구성물을 살펴본다.
- 쟁반에 어떤 것들이 있나요?
  - 두 조각으로 된 동물 조각 그림
  - 그림 맞추기 배경판

○ 그림의 한 조각을 보며 어떤 동물의 그림 조각일지에 대해 이야기 나눈다.
- 이 조각은 어떤 동물의 그림일까요?
- 이 그림 조각은 어디에 놓아야 할까요?

○ 완성된 동물 그림을 살펴보며 동물의 특성에 대해 이야기 나눈다.
- 어떤 동물이 완성되었나요?
- 그림 조각은 동물의 어느 부분이었나요?
- 동물이 어떻게 생겼는지 함께 살펴봅시다.

유의점

- 유아들에게 친숙한 동물을 선정하여 퍼즐을 제작한다.
- 유아들이 그림 조각 맞추는 것에 익숙해지면 조각 그림의 수를 늘리거나, 조각 그림의 부분을 다르게 하는 등 난이도를 조절해 준다.

집단형태

자유선택활동

활동유형

수학 · 조작 영역

활동자료

동물 그림 조각, 그림 맞추기 배경판

'두 조각 동물 그림 맞추기' 활동자료

활동 11

토 끼

집단형태

대집단활동 · 중집단활동(약 10명)

활동유형

이야기나누기 · 과학

활동자료

토끼, 토끼 먹이(예: 당근 껍질, 오이 껍질, 배추 등 TIP 1), 할로우 블록

TIP 1 전날 귀가지도 시간에 유아들에게 이튿날 토끼를 관찰할 것임을 이야기하고 토끼 먹이를 가져오도록 한다.

TIP 2 모여 앉기 전 교사는 직사광선을 피한 곳에 할로우 블록을 사용하여 원형으로 자리를 마련한다.

마당에 원대형으로 모여 앉기

TIP 3 많은 사람들 속에서 토끼가 놀라 움직이지 않을 수 있다. 이와 같은 경우 시청각자료를 활용하여 토끼의 다양한 움직임을 관찰한다.

활동목표

- 토끼의 생김새 및 생활습성을 안다.
- 동물을 사랑하는 마음을 갖는다.
- 동물을 안전하게 다루어야 함을 알고 실천한다.

활동방법

○ 토끼를 관찰할 때 주의해야 할 점에 대해 이야기를 나눈다.

- 토끼를 볼 때 조심해야 할 것이 있어요.
  - 토끼가 깜짝 놀랄 수 있으므로 소리를 지르지 않는다.
  - 토끼에게 먹이를 줄 때 토끼가 손가락을 물 수도 있으므로 조심한다.
  - 토끼를 만지고 난 다음에는 반드시 비누로 깨끗이 손을 씻는다. 손을 씻지 않으면 토끼의 털이나 주위에 있는 나쁜 병균, 이물질들로 인해 병에 걸리기 쉽다.

○ 마당에 유아들이 원으로 모여 앉는다. TIP 2

○ 토끼를 원 안에 데려다 놓고 토끼의 생김새와 움직임(예: 뛰는 모습, 앞발을 비비는 모습, 앉아서 주위를 살피는 모습 등)을 관찰한다.

- 토끼는 어떻게 생겼나요?
  - 눈이 둥글고 빨간색이다.
  - 귀가 길다.
  - 다리는 4개이고 앞다리와 뒷다리의 길이가 다르다.
  - 꼬리가 짧고 둥글다.
- 토끼가 어떻게 움직이고 있나요? TIP 3

○ 토끼털을 조심스럽게 만져 보고 느낌을 이야기한다.

- 토끼털을 만져 보니까 어떤 느낌이 드나요?
  - 부드럽다, 따뜻하다, 포근하다

○ 준비한 먹이를 주고 토끼가 먹이를 먹는 모습을 관찰한다.

- 토끼 먹이로 무엇을 준비했나요?
- 토끼가 먹이를 먹을 때 입이 어떻게 움직이나요?

○ 토끼를 만진 유아들은 수돗가로 가서 비누로 손을 씻는다.

유의점

- 교사는 동물 털 알레르기가 있는 유아, 감기에 걸렸거나 몸 상태가 좋지 않은 유아들을 토끼 관찰활동에 참여시키지 않는다. 또한, 관찰 대상 토끼가 건강한지 사전에 점검한다.

관련활동

- 노래 '나는 토끼' (36쪽 참고)
- 율동 '토끼' (38쪽 참고)
- 신체(게임) '토끼처럼 뛰어가서 당근 뽑아오기' (40쪽 참고)

토끼의 생김새 관찰하기

활동 12

나는 토끼

집단형태

소집단활동(약 5명)

활동유형

노래 · 율동

활동자료

토끼 손인형

TIP 1 사전 활동으로 토끼에 관해 이야기 나누는 활동을 실시하여 유아들이 토끼의 생김새 및 생활습성을 충분히 탐색할 수 있도록 한다.

TIP 2 유아들이 토끼처럼 움직일 때 교사는 유아들이 움직이는 모습을 언어로 표현하고, 창의적인 동작을 할 경우 격려해 준다.

토끼에 대해 이야기나누기

토끼처럼 움직이기

활동목표

- 토끼의 생김새 및 생활습성을 안다.
- 토끼의 움직임을 표현한다.

활동방법

○ 손인형으로 이야기를 들려주며 노랫말을 전달한다. TIP 1

- 나는 토끼예요. 내 털은 무슨 색인가요?
  - ○○색
- 나에게는 ○○색 털이 있어요.
- 내가 어떻게 뛰는지 알고 있나요?
- 앞에 나와서 토끼처럼 움직여 볼 어린이 있나요? TIP 2
  - ○○는 토끼처럼 깡충깡충 뛰고 있어요.
  - □□는 손으로 두 귀를 쫑긋하게 만들었네요.

○ 교사의 노래를 듣는다.

- 어떤 사람이 토끼가 뛰는 모습을 보고 노래를 만들었다고 해요. 선생님이 그 노래를 불러 줄게요. 잘 들어 보세요.

○ 노래에 맞추어 토끼처럼 움직여 본다.

- 노래를 들으며 토끼가 되어 움직여 볼 거예요. 토끼가 되어 볼 어린이 있나요?
  - 4~5명의 유아들이 원 안으로 들어간다.
  - 3~4번에 나누어 모든 유아가 토끼처럼 움직여 볼 수 있도록 한다.
- 앉아 있는 사람들은 선생님과 함께 노래를 불러 줍시다.

관련활동

- 이야기나누기 '토끼' (34쪽 참고)
- 율동 '토끼' (38쪽 참고)
- 신체(게임) '토끼처럼 뛰어가서 당근 뽑아오기' (40쪽 참고)

악보

나는 토끼

작사 · 곡 김은실

활동 13 토끼

집단형태

중집단활동(약 10명)

활동유형

율동

활동자료

토끼 사진자료, 토끼의 움직임을 볼 수 있는 시청각자료 TIP 1

활동목표

- 우리에게 친숙한 동물인 토끼의 생활습성을 안다.
- 토끼의 움직이는 모습을 창의적으로 표현한다.

활동방법

○ 토끼의 모습과 다양한 움직임에 대해 이야기를 나눈다.

- 우리가 오늘 마당에서 어떤 동물을 보았나요?
- 토끼는 어떻게 생겼나요?
- 토끼의 귀는 어떻게 생겼나요? 길이가 길었나요? 짧았나요?
- 토끼의 꼬리는 어떻게 생겼나요?
- 토끼의 앞다리와 뒷다리는 어떤 모양이었나요?
- 토끼가 어떻게 움직였나요?

○ 토끼의 움직임을 볼 수 있는 시청각자료를 보여 준다.

- 토끼의 뛰는 모습을 보세요. 토끼가 어떻게 뛰고 있나요?
- 토끼가 무엇을 하고 있나요?
  - 먹이를 먹고 있다.
- 토끼가 먹이를 어떻게 먹고 있나요? 입이 어떻게 움직이나요?

○ 유아들이 앞에 나와 토끼가 다양하게 움직이는 모습을 흉내 낸다. TIP 2

- 앞에 나와서 토끼가 움직이는 모습을 흉내 내어 봅시다.
- ○○는 토끼의 어떤 모습을 흉내 낸 것인가요?
  - 토끼가 서서 앞발을 비비고 있는 모습이다.
  - 배가 고파서 먹이를 찾고 있는 모습이다.
- ○○는 얼굴 아래에 두 손을 모아 움직여서 토끼가 앞발을 비비고 있는 모습을 흉내 냈어요. 우리도 ○○처럼 토끼가 앞발을 비비고 있는 모습을 흉내 내어 봅시다.
- △△는 토끼의 어떤 모습을 흉내 낸 것인가요? TIP 3
  - 토끼가 친구랑 소풍 가고 있는 모습이다.
  - 토끼가 집 안으로 들어가는 모습이다.
  - 토끼가 굴을 파고 있는 모습이다.

○ 피아노 소리를 들어 본다.

TIP 1 이 활동은 유아들의 토끼 관찰을 바탕으로 한다. 하지만 관찰 시 토끼의 다양한 움직임을 포착하기 어려울 수 있으므로 토끼의 움직임과 관련된 시청각자료를 활용하면 좋다.

TIP 2 유아들이 토끼처럼 움직일 때 교사는 유아들이 움직이는 모습을 자세히 묘사해 주고, 창의적인 동작을 할 경우 격려해 준다.

TIP 3 교사는 유아들이 토끼를 흉내 내는 모습을 관찰한다. 그 후 유아가 자신이 흉내 낸 동작에 대해 설명하게 함으로써 창의적으로 표현할 수 있도록 격려한다.

- 어떤 사람이 이처럼 토끼가 움직이는 것을 보고 곡을 만들었다고 해요. 잘 들어 보세요.

○ 유아들이 나와서 토끼가 되어 피아노 소리에 맞추어 움직인다. 유아들이 다양한 동작을 표현할 수 있도록 교사는 토끼의 여러 움직임을 설명한다.

- ○○는 당근을 먹고 있는 토끼의 모습을 표현했구나.
- □□는 토끼처럼 깡충깡충 뛰어가고 있구나.
- △△는 굴을 파고 있는 토끼의 모습을 표현했구나.

먹이를 먹는 토끼

굴을 파는 토끼

유의점

- 교사는 유아들이 토끼의 두 귀를 만드는 것에만 초점을 맞추기보다 토끼의 움직임이나 생김새의 다른 특징들을 창의적으로 표현할 수 있도록 활동 중 지속적인 격려를 한다.

관련활동

- 이야기나누기 '토끼' (34쪽 참고)
- 노래 '나는 토끼' (36쪽 참고)

악 보

토끼 춤

※ 출처: 이은화 · 김순세(1973). **어린이 춤곡**. 형설출판사.

활동 14 토끼처럼 뛰어가서 당근 뽑아오기

집단형태

중집단활동(약 10명)

활동유형

신체(게임)

활동자료

소독저를 붙인 종이 당근 10개, 스티로폼으로 만든 당근밭(스티로폼 윗면에 구멍을 낸 것), 바구니 1개, 신호악기

게임자료 – 당근밭

게임자료 – 당근

활동대형

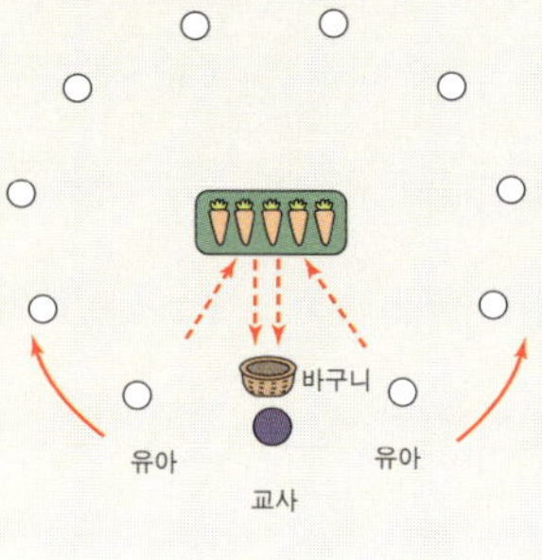

활동목표

- 토끼의 움직임과 생활습성을 안다.
- 다리의 근력과 순발력을 기른다.

활동방법

○ 유아들이 원형으로 모여 앉아 준비된 당근밭과 바구니를 보고 어떤 게임을 할지 이야기를 나눈다.

- 앞에 무엇이 보이나요?
  - 당근
- 당근은 누가 좋아하는 먹이일까요?
  - 토끼, 말 등이 좋아한다.
- 토끼는 어떻게 뛰나요?
  - 깡충깡충 뛴다.
- 누가 앞에 나와서 토끼처럼 움직이는 모습을 보여 줄 수 있을까요?
  - 유아 1~2명이 나와서 토끼처럼 뛰어 본다.

앞발을 모으고 있는 토끼

귀가 큰 토끼

- 여기 있는 것들로 어떤 게임을 할 수 있을까요?
  - 토끼처럼 뛰어가서 당근을 뽑아온다.

○ 게임 시 지켜야 할 약속에 대해 이야기한다.

- 선생님이 신호악기를 치면 출발하는 거예요.
- 당근밭까지 토끼처럼 뛰어가서 뽑아온 당근을 바구니에 담으면 돼요.

○ 유아 1명이 나와서 게임 시범을 보인다.

○ 교사 양옆에 앉은 아이부터 2명씩 차례로 게임을 한다.

당근밭에서 당근 뽑기

뽑은 당근 바구니에 담기

관련활동

- 이야기나누기 '토끼' (34쪽 참고)
- 노래 '나는 토끼' (36쪽 참고)
- 율동 '토끼' (38쪽 참고)

활동 15 높이뛰기

집단형태

중집단활동(약 10명)

활동유형

율동

활동자료

목금 또는 실로폰

목금 소리에 맞추어 높이뛰기

활동목표

- 높이뛰기를 통해 민첩성과 평형성을 기른다.
- 악기 소리를 듣고 느낀 점을 다양한 방법으로 표현한다.

활동방법

○ 목금 또는 실로폰 악기를 소개한다.

- (목금 또는 실로폰은 보여 주지 않은 채 소리만 들려주며) 무슨 소리일까요?
- (악기를 보여 주며) 이 악기의 이름을 알고 있나요?
- (악기 연주하는 모습을 보여 주며) 목금(또는 실로폰) 소리를 다시 들어 보세요.

○ 악기 소리를 듣고 연상되는 움직임에 대해 이야기를 나눈다.

- 목금(실로폰) 소리를 들으니 어떤 동물이 떠오르나요?
- 누가 나와서 악기 소리에 맞추어 ○○처럼 움직여 볼 수 있을까요?

○ 높이뛰기 동작과 관련된 짧은 이야기를 들려주며 높이뛰기 동작이 나오는 부분에서 목금 소리를 들려준다.

- 어느 날 토끼가 일어나 물을 먹으려고 옹달샘에 통통통(악기 소리) 갔어요. 물을 다 마신 토끼는 기분이 좋아서 옹달샘 주위를 통통통(악기 소리) 뛰어다녔어요.

○ 악기 소리에 맞추어 높이뛰기를 할 것을 이야기하고 교사 및 유아 몇 명이 높이뛰기 동작을 보여 준다.

- 우리도 이야기 속의 토끼처럼 악기 소리에 맞추어 통통통 높이 뛰어 볼 거예요.
- 선생님이 어떻게 높이 뛰는지 보세요.
  - 두 발을 모은다.
  - 무릎을 구부렸다가 펴면서 높이 뛰어 오른다.
- 선생님처럼 높이뛰기를 보여 줄 사람 있나요?
  - 교사는 유아들이 앞에 나와 높이뛰기를 할 때 유아들의 동작에 맞추어 악기를 연주해 준다.

○ 악기 소리에 맞추어 높이뛰기를 한다.

- 악기 소리에 맞추어 '통통통' 높이 뛰어 봅시다.
  - 유아 5명 정도로 집단을 나누어 한 집단씩 높이뛰기 동작을 한 후 모든 유아들이 나와서 높이뛰기 동작을 한다.

• 교사는 유아들이 높이뛰기 동작을 할 때 악기 소리를 같이 들려준다.

○ 교사가 강약을 조절하여 악기소리를 들려주면 유아들은 악기 소리에 따라 높이를 조절하여 높이뛰기를 한다.

▪ 선생님이 악기를 세게 치면(악기 소리를 들려주며) 높게, 약하게 치면(악기 소리를 들려주며) 낮게 뛰는 거예요.

악기 소리에 맞추어 높이뛰기

관련활동

▪ 신체(체육) '유니바 넘기와 높이 뛰어 탬버린 치기' (63쪽 참고)

활 동
16 병아리

집단형태

대집단활동 · 중집단활동(약 10명)

활동유형

이야기나누기 · 과학

활동자료

닭과 병아리의 모습 및 생활습성이 나타나 있는 정보 그림책, 실물화상기, 병아리, 병아리 모이(좁쌀이나 쌀 등, TIP 1), 물, 물그릇, 할로우 블록

TIP 1 활동 전날 귀가지도 시간에 유아들에게 이튿날 병아리를 관찰할 것임을 이야기하고 병아리가 먹을 수 있는 먹이를 소개해 주며 먹이를 가져오도록 한다.

TIP 2 많은 사람들 속에서 병아리가 놀라 먹이를 잘 먹지 않거나 날 수 있다. 이와 같은 경우 시청각자료를 활용하여 병아리의 움직임을 관찰한다.

활동목표

- 병아리의 생김새와 생활습성을 안다.
- 동물을 사랑하는 마음을 갖는다.
- 동물을 안전하게 다루어야 함을 알고 실천한다.

활동방법

○ 교실에서 '닭' 책 중 병아리가 나온 부분을 실물화상기로 보면서 병아리의 생김새와 습성에 대해 유아들과 이야기를 나눈다.
- 병아리가 어떻게 생겼는지 봅시다.
- 병아리는 주로 무엇을 먹을까요?
- 병아리는 어떻게 움직일까요?

○ 병아리를 관찰할 때 주의해야 할 점에 대하여 이야기를 나눈다.
- 이제 마당에 나가서 병아리를 관찰할 거예요. 병아리를 관찰할 때 어떤 점을 조심해야 할까요?
  - 병아리가 깜짝 놀랄 수 있으므로 큰 소리를 내거나 소리를 지르지 않는다.
  - 병아리 먹이를 줄 때 병아리가 부리로 쫄 수도 있으므로 조심한다.
  - 병아리를 만지고 난 다음에는 반드시 비누로 손을 깨끗이 씻는다.

○ 마당에 유아들이 원대형으로 모여 앉는다.

○ 병아리를 원 안에 데려다 놓고 병아리의 모습 및 움직임(걸어다니는 모습, 땅을 쪼고 다니는 모습 등)을 관찰한다.
- 병아리가 어떻게 생겼나요?
  - 노란색 털이 보송보송 나있으며, 날개가 있다.
  - 눈이 2개이며 검은색이다.
  - 주황색 뾰쪽한 부리가 있다.
  - 다리는 2개이고 줄무늬처럼 무늬가 있다.
  - 앞에 보이는 발가락이 3개이며 뒤에 보이는 발가락이 1개 있다.
- 병아리가 어떻게 움직이나요? TIP 2

○ 모이와 물을 주어서 먹이를 먹는 모습, 물을 먹는 모습을 관찰한다.
- 병아리 먹이로 무엇을 준비했나요?

- 병아리가 먹이를 먹을 때 부리가 어떻게 움직이나요? 병아리의 머리가 어떻게 움직이나요?
  - 고개를 숙여서 부리로 먹이를 쪼아 먹는다.
  - 부리로 먹이를 쫀 후 하늘을 쳐다본다.

○ 병아리를 조심스럽게 살짝 쓰다듬어 본다.

- 병아리를 만져 보니 어떤 느낌이 드나요?
  - 부드럽다, 보송보송하다, 포근하다

○ 병아리를 만진 유아들은 수돗가로 가서 비누로 손을 깨끗하게 씻는다.

유의점

- 마당에 모여 앉기 전 교사는 직사광선을 피한 곳에 할로우 블록을 사용하여 병아리를 관찰할 공간을 원대형으로 마련한다. 병아리의 크기가 작으므로 토끼를 관찰했을 때보다 원의 크기를 작게 하고 할로우 블록의 높이를 낮춘다.
- 병아리를 만질 때 병아리가 놀라지 않도록 조심스럽게 만지도록 지도하며, 병아리가 유아의 손을 쪼지 않도록 유의한다. 2008년 조류독감이 기승을 부린 후 조류를 기르고 관찰할 때 각별한 주의가 필요하므로 이에 유의하여 활동을 실시한다.

관련활동

- 동시 '병아리' (50쪽 참고)
- 동극 '삐악이는 흉내쟁이' (46쪽 참고)

활동 17 삐악이는 흉내쟁이

집단형태

중집단활동(약 10명)

활동유형

동극

활동자료

테이블 동화자료(병아리, 닭, 쥐, 돼지, 고양이, 거북이), 배역 목걸이(병아리, 닭, 쥐, 돼지, 고양이, 거북이), 낮은 책상

'삐악이는 흉내쟁이' 동화자료

동화 '삐악이는 흉내쟁이' 들려주기

TIP 1 동화자료를 활용하여 유아들의 회상을 돕는다. 예컨대 삐악이와 야옹이가 만나는 장면에서 야옹이와 삐악이의 동화자료를 보여 준다. 또한 대사를 잘 기억하고 있는 유아에게 시범을 부탁하여 다른 유아들이 따라서 말해 보게 한다.

활동목표

- 친숙한 동물의 울음소리를 안다.
- 동화를 듣고 내용을 이해한다.
- 등장인물의 특성에 맞는 말과 행동으로 동극을 한다.

활동방법

○ 동화를 듣고 나서 동극을 할 것임을 안내한다.

- 동화를 듣고 동극을 할 거예요. 동화에 누가 나오는지, 무슨 이야기를 하는지 잘 기억하며 들어 보세요.

○ '삐악이는 흉내쟁이' 테이블 동화를 들려준다.

○ 동화 내용을 회상하고, 역할을 나누어 등장인물의 대사 및 행동을 연습한다. TIP 1

- 삐악이는 밖으로 놀러 가기로 했어요. 다 함께 삐악이가 되어 엄마에게 인사를 해 봅시다.
  - "엄마, 놀러 갔다 올게요. 삐악."
- 그러자 엄마가 뭐라고 대답하셨나요?
- 다 같이 선생님을 따라 해 보세요. "그래, 조심해서 다녀와."
- 삐악이는 처음에 누구를 만났나요?
  - 찍찍이
- 삐악이가 찍찍이에게 뭐라고 이야기를 했나요?
  - "찍찍아, 우리 목소리 바꿔 볼래?"
- 그러자 찍찍이가 뭐라고 했나요? 선생님과 ○○○반 어린이들 모두 찍찍이가 되어서 대답해 봅시다.
  - "그것 참 재밌겠다."
- 그리고 찍찍이는 어떻게 울음소리를 냈을까요?
  - 삐악삐악
- 그러자 삐악이는 어떻게 울음소리를 냈나요?
  - 찍찍
- 삐악이는 다음에 누구를 만났나요?
  - 꿀꿀이

- 선생님이 삐악이가 되어 이야기하면 어린이들이 꿀꿀이가 되어 대답해 보세요. TIP 2
  - 교사 : 찍찍, 꿀꿀아, 우리 목소리 바꿔 볼래?
  - 유아 : 그것 참 재밌겠다. 찍찍!
  - 교사 : 그래서 목소리를 바꾼 찍찍이는 '꿀꿀' 소리를 내었어요.
- 삐악이는 다음에 누구를 만났나요?
  - 야옹이
- 선생님이 삐악이가 되어 이야기하면 ○○○반 어린이들이 야옹이가 되어 대답하세요. TIP 2
  - 교사: 꿀꿀, 야옹아, 우리 목소리 바꿔 볼래?
  - 유아: 그것 참 재밌겠다. 꿀꿀!
- 찍찍이는 어떤 울음소리를 냈을까요?
  - 야옹
- 마지막으로 삐악이는 누구를 만났을까요?
  - 엉금이
- 이번에는 어린이들이 삐악이가 되어 이야기를 해 보세요. 선생님이 엉금이가 되어 대답할게요. TIP 2
  - 유아: 야옹, 엉금아, 우리 목소리 바꿔 볼래?
  - 교사: 그것 참 재밌겠다. 야옹.
- 삐악이가 어떻게 울음소리를 냈을까요?
  - 아무 소리도 내지 않았다.
- 삐악이가 집에 가자 엄마가 뭐라고 하셨나요? 다 함께 말해 봅시다.
  - "어머나! 도대체 삐악이에게 무슨 일이 있었지?"

○ 동극 무대를 의논하여 구성한다.
- 삐악이의 집은 어디로 할까요? TIP 3

○ 동극의 배역을 정한다.
- 동극을 하기 위해서 어떤 역할들이 필요할까요? TIP 4
- 모두 몇 명이 동극을 할 수 있는지 같이 세어 봅시다.
- 어떤 역할을 하고 싶은지 생각해 보세요.
- 삐악이(찍찍이, 꿀꿀이, 야옹이, 엉금이, 삐악이 엄마 등) 역할을 하고 싶은 사람은 손을 드세요.
  - 역할을 맡을 유아를 정하고 배역 목걸이를 준다.

○ 배역을 맡은 유아들이 앞에 나와 한 줄로 서서 차례로 자기 소개와 인사를 한다.
- 역할을 맡은 사람들은 앞에 나와 "저는 삐악이(찍찍이, 꿀꿀이, 야옹이, 엉금이, 엄마닭)를 맡은 ○○○입니다."라고 소개하세요.

○ 동극을 시작하기 전 교사는 무대를 가리지 않도록 관객 옆으로 이동한다. 배역을

TIP 2 유아들이 대사를 잘 기억하지 못할 경우 교사가 작은 목소리로 알려준다.

TIP 3 역할 놀이 영역을 집으로 사용하거나, 크기가 적당한 블록(예: 종이벽돌 블록)을 선정하여 집을 구성할 수 있도록 교사가 도움을 준다.

TIP 4 유아들이 필요한 배역을 이야기할 때, 해당되는 테이블 자료를 책상에 올려놓는다.

맡은 유아들은 자기의 자리로 가서 동극을 시작할 준비를 한다.

■ 동극을 잘 볼 수 있도록 선생님이 자리를 옮길게요.

■ 역할을 맡은 사람들은 자기 자리에 가서 앉으세요.

• 삐악이와 엄마닭은 집에 가서 앉고 다른 배역을 맡은 유아들은 교사의 옆으로 와서 앉는다.

'삐악이는 흉내쟁이' 동극하기

○ 동극을 한다. 교사는 해설자가 되어 동극을 하는 유아들에게 필요한 도움을 준다.

■ 지금부터 ○○○반 어린이들의 '삐악이는 흉내쟁이' 동극을 시작하겠습니다.

○ 동극이 끝나면 동극을 한 유아들은 무대 한가운데에 한 줄로 서서 인사를 하고 자리에 앉게 한다.

■ 동극을 했던 사람들은 한 줄로 서세요.

■ 친구들에게 '동극을 보아 주어서 고맙다.' 는 뜻으로 인사하세요.

■ 목걸이는 바구니에 담고 자리로 돌아가서 앉으세요.

○ 동극을 평가한다.

■ 동극을 보니 어떤 점이 재미있었나요?

■ 동극을 어떻게 하면 더욱 재미있게 할 수 있을까요?

• 동극을 보는 사람들을 바라보며 조금 더 큰 목소리로 말한다.

• 동물 울음소리를 실감나게 낸다.

• 동물처럼 흉내 내며 등장한다.

• 바른 자세로 앉아 동극을 관람한다.

○ 두 번째 동극을 위해 배역을 정한다.

○ 배역을 맡은 유아들이 앞에 나와서 자기소개와 인사를 한 뒤 동극을 시작한다.

○ 동극이 끝나면 동극을 한 유아들은 인사를 하고 자리에 앉는다.

○ 동극을 평가한 뒤 무대를 정리한다.

유의점

■ 동극이 진행되는 동안, 교사는 해설자의 역할을 하며 동극을 하는 유아들에게 적절한 도움을 준다.

• 유아가 관객을 바라보고 대사를 말하도록 안내한다.

• 유아가 대사를 기억하지 못하는 경우 교사가 알려주어 따라 하게 한다.

• 적당한 크기의 목소리로 대사를 말할 수 있도록 도와준다.

• 유아가 자신의 차례에 등장할 수 있도록 알려준다.

■ 동물의 울음소리와 관련된 다양한 활동을 하여 유아들이 동물의 울음소리에 익숙해진 후 동극을 진행하는 것이 좋다.

관련활동

■ 언어 '동물 울음소리 알아맞히기' (30쪽 참고)

■ 노래 '동물 흉내' (57쪽 참고)

삐악이는 흉내쟁이

숲 속 마을에 삐악이가 살고 있었어요. 어느 날 삐악이는 심심해서 밖으로 놀러 나가기로 했어요.

삐악이 엄마, 놀러 갔다 올게요. 삐악!
엄마닭 그래, 조심해서 다녀와.

삐악이는 길에서 찍찍이를 만났어요.

삐악이 삐악삐악! 찍찍아, 우리 목소리 바꿔 볼래?
찍찍이 그것 참 재밌겠다. 삐악삐악!
삐악이 찍찍!

삐악이와 찍찍이는 인사를 하고 헤어졌어요. 길을 가다가 꿀꿀이를 만났어요.

삐악이 찍찍! 꿀꿀아, 우리 목소리 바꿔 볼래?
꿀꿀이 그것 참 재밌겠다. 찍찍!
삐악이 꿀꿀!

삐악이와 꿀꿀이는 인사를 하고 헤어졌어요. 이번에는 야옹이를 만났어요.

삐악이 꿀꿀! 야옹아, 우리 목소리 바꿔 볼래?
야옹이 그것 참 재밌겠다. 꿀꿀!
삐악이 야옹!

삐악이와 야옹이는 인사를 하고 헤어졌어요. 길을 가다가 엉금이를 만났어요.

삐악이 야옹! 엉금아, 우리 목소리 바꿔 볼래?
엉금이 그것 참 재밌겠다. 야옹!
삐악이 음…….

삐악이와 엉금이는 인사를 하고 헤어졌어요. 삐악이는 집으로 돌아왔어요.

삐악이 음…….

삐악이가 아무 말도 하지 않자 엄마닭은 깜짝 놀랐어요.

엄마닭 어머나! 도대체 삐악이에게 무슨 일이 있었지?

※ '삐악이는 흉내쟁이' (사토 와키코 지음, 사계절 출판사)를 만 3세 유아들에게 적합하도록 수정함.

활동 18

병아리

집단형태

대집단활동

활동유형

동시

활동자료

게시판, 동시 그림자료(아기 병아리, 엄마 닭, 아빠 닭, 노란 꽃, 병아리 인형)

'병아리' 동시자료

TIP 이야기를 들려주며 그림자료를 붙일 때 동시의 시어가 나오는 순서대로 붙인다.

활동목표

- 병아리의 생김새와 생활습성을 안다.
- 시를 읊어 봄으로써 시어의 운율과 아름다움을 느낀다.

활동방법

○ 이야기식으로 시어를 들려준다. TIP
- (노란 꽃과 아기 병아리를 붙이며) 노란 솜꽃 같은 병아리가 있었어요.
- 병아리는 어떤 소리를 내며 울까요?
  - 삐악
- 다 같이 병아리가 되어 소리내어 보세요.
- 병아리는 무엇을 하고 있었을까요?
- (엄마 닭 등에 아기 병아리가 올라가 있는 그림을 붙이며) 엄마 등에 올라가 삐악 삐악 삐악.
- (아빠 닭 등에 아기 병아리가 올라가 있는 그림을 붙이며) 아빠 등에 올라가 삐악 삐악 삐악.
- 병아리를 보니 어떤 생각이 드나요?
  - 병아리에 대한 어린이들의 다양한 생각을 듣는다.
- (병아리 인형을 붙이며) 서정숙 작가는 병아리가 장난감같이 귀여워서 소리 나는 장난감 같다고 생각했대요.

○ 동시를 들려준다.

○ 교사를 따라서 한 행씩 동시를 낭송한다. 이때 동시에 제목, 저자, 시 내용 순으로 낭송한다.
- 선생님을 따라서 동시를 낭송해 볼 거예요. 선생님이 동시를 낭송하는 소리를 잘 듣고 따라서 낭송해 보세요.

○ 교사와 유아가 나누어서 동시를 낭송한다.
- 선생님이 동시의 앞부분을 낭송하면 어린이들은 '삐악 삐악 삐악' 병아리가 소리 내는 부분을 낭송해 보세요.

○ 교사와 유아가 함께 낭송한다.

관련활동

- 이야기나누기 '병아리' (44쪽 참고)
- 동극 '삐악이는 흉내쟁이' (46쪽 참고)

동 시

병아리

서정숙

노란 솜꽃 병아리
삐약 삐약 삐약
엄마 등에 올라가
삐약 삐약 삐약

소리 나는 장난감
삐약 삐약 삐약
아빠 등에 올라가
삐약 삐약 삐약

※ 출처 : 서정숙(1997). **움직이는 동시**. 보육사.

활 동
19 달걀 샌드위치

집단형태

소집단활동(약 5명)

활동유형

과학

활동자료

- 기구(1집단 7명 기준): 으깨기 도구 1개, 나무주걱 1개, 스쿱 1개, 잼 바르는 칼, 개인용 접시 8개(유아용 7+교사용 1), 깊이가 깊고 큰 투명한 그릇 1개
- 재료(1집단 7명 기준): 반으로 자른 식빵(14개), 삶은 달걀(7개), 사과(가로 1cm×세로 1cm×높이 0.5cm로 썬 것, TIP 1), 마요네즈
- 기타: 요리 순서도, 분반표시판, 자기 표시 그림, 행주, 삶은 달걀 1개(재료 탐색용), 교사용 위생장갑 1쌍, 유아용 위생장갑 7쌍, 요리보, 요리복 7개

TIP 1 사과는 작게 자른 후 색이 변하지 않도록 설탕물에 담가 준비해 놓는다.

TIP 2 유아들이 이야기한 재료부터 소개한다. 그 후 나머지 재료를 소개한다.

활동목표

- 요리 재료의 형태와 특성을 탐색한다.
- 음식 조리용 도구와 기계의 사용방법을 알고 활용한다.

활동방법

○ 분반표시판을 사용하여 유아들에게 요리 활동에 참여하는 순서가 되었음을 안내한다.

○ 교사는 유아들이 요리를 할 수 있도록 손을 씻고 요리복을 입은 후 책상에 와서 앉도록 한다.

○ 달걀 샌드위치에 대하여 소개한다.

- 샌드위치를 먹어 본 적이 있나요?
- 어떤 샌드위치를 먹었나요? 샌드위치 안에 무엇이 들어 있었나요?
- 오늘은 달걀을 넣은 '달걀 샌드위치'를 만들어서 간식으로 먹을 거예요.

○ '달걀 샌드위치' 요리에 필요한 재료와 도구를 소개한다.

- 달걀 샌드위치를 만들기 위해서는 어떤 재료가 필요할까요? TIP 2
  - 식빵, 삶은 달걀, 마요네즈, 사과
- 마요네즈의 색깔은 어떤가요? 어떤 냄새가 나나요?
- (껍질을 깨뜨리지 않은 삶은 달걀을 보여 주며) 달걀 껍질은 무슨 색인가요? 만져 보니 어떤 느낌이 드나요? 이제 달걀 껍질을 깨뜨려 볼게요.
- (껍질을 벗긴 삶은 달걀을 보여 주며) 색깔이 어떤가요? 이제 달걀을 반으로 잘라서 안의 모습을 보여 줄게요.
- 노른자가 달걀 안에 들어있어요. 노른자의 모양은 어떤가요?
- 음식 재료를 손질하기 위해서 어떤 것들이 필요한지 보세요.
  - 으깨기 도구, 스쿱, 나무주걱 등이 필요하다.

○ 요리 순서에 따라 달걀 샌드위치를 만든다.

① 교사가 삶은 달걀을 반으로 잘라 투명한 용기에 담아 주면 유아들이 으깨기 도구로 달걀을 으깬다.

- 선생님이 삶은 달걀을 반으로 잘라 그릇 안에 넣을 거예요. 그러면 (으깨기 도구를 보여 주며) 이 도구를 사용해서 샌드위치 안에 넣을 달걀을 으깨 봅시다.

② 준비한 사과를 달걀을 으깬 용기에 담는다.

- 사과의 껍질을 벗긴 후 작게 잘라 준비해 두었어요. 껍질을 벗긴 사과는 시간이 지나면 색이 변하기 때문에 사과의 색이 변하지 않도록 설탕물에 담가 놓았어요.
- 선생님이 준비한 사과를 삶은 달걀을 으깬 그릇에 담아 볼게요.

③ 달걀과 사과가 있는 용기에 마요네즈를 넣는다.

- 이제 달걀과 사과가 잘 버무려질 수 있도록 마요네즈를 넣어 봅시다.

④ 준비된 재료(달걀, 사과, 마요네즈)를 섞는다. 한쪽 방향으로 돌아가면서 모든 유아가 나무주걱으로 재료를 섞을 수 있도록 한다.

- 나무주걱으로 재료를 잘 섞어 보세요.

⑤ 식빵에 만들어진 속을 넣는다.

- 반으로 자른 식빵을 2쪽씩 나누어 줄게요.
- 이제 선생님이 달걀, 사과, 마요네즈를 섞은 것을 한 스쿱 떠주면 식빵 위에 잘 펴서 발라 주세요.
- 다른 한쪽의 식빵으로 덮어 달걀 샌드위치를 완성해 봅시다.

○ 요리복을 정리하고 간식 먹을 준비를 한다.

- 요리할 때 입었던 옷을 벗어 정리하세요.
- 화장실에 가서 손을 씻고 간식 먹을 준비를 하세요.

○ 간식 책상에서 간식을 먹는다. 간식을 먹으며 맛이 어떤지, 자기가 만든 음식을 먹으니 기분이 어떤지 등에 대해 이야기를 나눈다.

으깨기 도구로 달걀 으깨기

식빵 위에 잼 바르는 칼로 속 펴바르기

활동 20 오리

집단형태

대집단활동

활동유형

노래

활동자료

반입체 연못 그림자료, 막대 인형(엄마 오리, 아기 오리)

'오리' 노래자료

TIP 1 유아들이 '둥둥' 부분과 '동동' 부분에 강약의 차이를 느낄 수 있도록 노래를 부른다.

TIP 2 유아들이 노래에 익숙해지면 손동작으로 오리의 모습을 표현하면서 노래를 부를 수 있다. 예를 들어, '둥둥'은 양손을 양 옆으로 넓게 펼치고 '동동'은 양손을 겨드랑이에 바짝 붙이는 등 노랫말에 따른 동작의 차이가 날 수 있도록 한다.

활동목표

- 오리의 생김새 및 생활습성을 안다.
- 노래를 부르며 정서적으로 안정감을 느낀다.

활동방법

○ 교사가 오리로 수수께끼를 낸다.

- 선생님이 수수께끼를 낼게요. 잘 듣고 어떤 동물인지 맞추어 보세요.
- 나는 연못 위에서 둥둥 떠다니는 것을 좋아해요. 나는 '꽥꽥' 하고 울어요. 나는 누구일까요?
- (막대 인형을 보여 주며) 그래요. 나는 오리예요.

○ 교사의 노래를 듣는다. **TIP 1**

- 오리의 이야기가 담긴 노래가 있어요. 선생님이 노래를 들려줄게요.

○ 교사가 노래를 한 번 더 들려준다. 이때 유아들은 오리가 어떻게 움직이는지 들어 볼 수 있도록 한다.

- 선생님이 노래를 한 번 더 불러 줄 거예요. 엄마 오리는 연못에 어떻게 떠있는지, 아기 오리는 연못에 어떻게 떠있는지 노래를 잘 들으면 알 수 있어요. 노래를 듣고 선생님에게 알려 주세요.

○ 다 함께 부른다. **TIP 2**

악 보

오 리

작사 · 곡 금수현

활동 21

햄스터 기르기

활동목표

- 친숙한 동물의 이름과 생활습성을 안다.
- 동물을 사랑하는 마음으로 돌보는 태도를 기른다.
- 동물을 안전하게 다루어야 함을 알고 실천한다.

활동방법

○ 방안놀이 시간에 햄스터 상자 앞에 소집단으로 모여 앉는다.

○ 햄스터와 관련된 경험에 대해 이야기 나눈다.

- 햄스터를 본 적이 있나요?
  - 책, 텔레비전에서 본 적이 있다.
  - 마트에서 햄스터의 암컷과 수컷을 파는 것을 보았다.
  - 집에서 햄스터를 기르고 있다.
- 햄스터를 키워 본 적이 있나요?
  - 햄스터를 키워 본 유아의 이야기를 들어 본다.

○ 햄스터의 생김새에 대해 이야기한다. TIP

- 햄스터의 색깔은 어떤가요?
  - 흰색, 회색이다.
  - 흰색에 검은색 점박이 무늬이다.
- 햄스터가 어떻게 생겼나요?
  - 머리, 다리, 꼬리가 있다.
  - 다리는 4개이다.
  - 꼬리가 얇고 길다.

○ 햄스터를 키울 수 있는 우리를 살펴본다.

- 햄스터를 키우기 위해서 무엇이 필요한지 살펴봅시다.
- 햄스터가 낮 동안 편안하고 따뜻하게 지낼 수 있도록 톱밥을 깔아 주었어요. '톱밥' 은 나무를 자를 때 나무에서 나오는 가루를 말해요.
- 톱밥 위에 놓인 쳇바퀴와 나무는 햄스터가 놀이하는 곳이에요.

○ 햄스터의 먹이에 대해 이야기한다.

- 햄스터는 어떤 먹이를 좋아할까요?

집단형태

자유선택활동 · 소집단활동(약 5명)

활동유형

과학 영역 · 이야기나누기

활동자료

햄스터 우리, 나무상자(햄스터 우리, 놀이목, 쳇바퀴를 넣을 수 있는 크기), 톱밥, 놀이목, 쳇바퀴, 물통, 먹이, 먹이그릇, 햄스터, 햄스터에 대한 그림책

햄스터 우리 및 나무상자

TIP 유아들이 햄스터의 생김새를 관찰하기 적합하도록 햄스터를 나무상자에 안에 내놓는다. 그러나 햄스터는 야행성 동물이므로 낮 동안에는 가급적 상자를 덮어 주는 것이 좋다.

햄스터의 생김새 및 움직임 관찰하기

- 해바라기 씨를 주로 먹는다.
- 가끔 과일, 채소를 작게 잘라 준다.

○ 햄스터를 기르고 관찰할 때 주의해야 할 점에 대해 이야기한다.

■ 햄스터는 기를 때 어떤 점을 주의해야 할까요?

- 햄스터를 볼 때 만지거나 큰 소리를 내면 햄스터가 무서움을 느껴 아플 수 있다. 햄스터가 무서워하지 않도록 조심해야 한다.
- 햄스터에게 물릴 수 있으므로 햄스터를 만지거나 먹이를 줄 때 조심한다.
- 햄스터를 만진 뒤 반드시 손을 씻는다.

○ 햄스터가 움직이는 모습, 먹이 먹는 모습, 놀이하는 모습을 관찰한다.

■ 햄스터가 지금 무엇을 하고 있나요?

유의점

■ 햄스터를 키우는 우리에 깨끗한 톱밥을 충분하게 깔아 두어 햄스터가 낮 동안 편히, 따뜻하게 지낼 수 있게 해야 한다.

■ 유아들이 햄스터 먹이(사과, 채소 등)를 집에서 가져와 먹이를 주며 보살피게 한다.

활동 22 동물 흉내

활동목표

- 친숙한 동물의 울음소리를 안다.
- 동물의 모습을 다양한 방법으로 표현한다.

활동방법

○ 오리의 울음소리를 듣고 울음소리와 움직임을 흉내 내어 본다.

- 선생님이 어떤 소리를 들려줄 거예요. 어떤 소리가 나는지 잘 들어 보세요.
- (오리의 울음소리를 들려주며) 이것은 무슨 소리일까요?
- (오리의 사진을 보여 주며) 오리의 울음소리예요. ○○○반 어린이들도 오리의 울음소리를 흉내 내어 봅시다. 오리가 어떤 소리를 내며 울었나요?
- 오리처럼 움직이는 것을 보여 줄 어린이 있나요?
  - 유아 2~3명이 원 안에서 오리처럼 흉내를 내어 본다.

○ 위와 같은 방법으로 염소, 돼지, 소의 울음소리를 들려준다. 이때 동물을 소개하는 방식으로 수수께끼, 부분 보고 전체 알아맞히기 등 다양한 방법을 사용한다.

| '수수께끼' 로 동물을 소개한 예 |

- 어떤 동물에 대한 수수께끼를 낼 거예요. 잘 듣고 알아맞혀 보세요.
- 나는 다리가 네 개예요. 나는 무엇이든지 잘 먹어요. 나는 '꿀꿀' 하고 소리를 내요. 나는 누구일까요?
  - 돼지

○ '동물 흉내' 노래를 소개한다.

- 이렇게 오리, 염소, 돼지, 소의 울음소리를 흉내 내며 부를 수 있는 노래가 있어요.

○ 교사가 부르는 노래를 듣는다.

○ 교사와 유아가 함께 노래를 부른다.

○ 다른 동물의 이름을 넣어 노랫말을 바꾸어 부른다.

- 선생님이 어떤 동물의 흉내를 낼지 먼저 노래로 불러 줄게요. 선생님이 말하는 동물을 듣고 ○○○반 어린이들이 울음소리를 내어 보세요.

집단형태

대집단활동

활동유형

노래

활동자료

동물 그림자료(오리, 염소, 돼지, 소), 카세트테이프 플레이어, 동물의 울음소리가 녹음된 카세트테이프(오리, 염소, 돼지, 소)

'동물 흉내' 노래자료

동물 흉내

프랑스 민요

활동 23 동물 자리 바꾸기

활동목표

- 친숙한 동물의 종류와 이름을 안다.
- 게임방법을 알고 규칙을 지키며 게임을 한다.

활동방법

○ 의자에 원대형으로 모여 앉는다.

○ 동물 막대를 사용하여 수수께끼를 낸다.

- 선생님이 동물에 대한 수수께끼를 낼 거예요. 잘 듣고 어떤 동물인지 맞혀 보세요.
- 나는 동물입니다. 나는 쥐를 아주 잘 잡지요. 나는 '야옹' 하고 소리를 내지요. 나는 누구일까요?
  - 고양이
- 나는 동물입니다. 나는 사람들이 오면 반갑게 꼬리를 흔들지요. 나는 '멍멍' 하고 소리를 내지요. 나는 누구일까요?
  - 개
- 나는 귀가 아주 긴 동물입니다. 소리를 아주 잘 듣지요. 나는 뛸 때 깡충깡충 뛰지요. 나는 누구일까요?
  - 토끼
- 나는 닭의 아기입니다. 나는 '삐악삐악' 소리를 내지요. 나는 누구일까요?
  - 병아리

○ 동물 목걸이(또는 머리띠)를 보여 주며 활동방법을 소개한다.

- 선생님이 동물들이 그려져 있는 목걸이(또는 머리띠)를 준비했어요.
- 같은 동물 목걸이(또는 머리띠)를 가진 사람끼리 자리를 바꾸는 게임을 할 거예요. 어떻게 하는 게임인지 잘 들어 보세요.
  - 즐겁게 노래를 부르다가 선생님이 호루라기를 불면 멈춘다.
  - 선생님이 어떤 동물 그림이 그려진 막대를 보여 주면 막대에 그려진 동물과 같은 동물 목걸이(또는 머리띠)를 가진 유아끼리 서로 자리를 바꾼다.

○ 유아들은 각자 하고 싶은 동물 목걸이(또는 머리띠)를 고르고, 무슨 동물을 선택하였는지 확인한다.

- 어떤 동물 목걸이(또는 머리띠)를 가지고 싶은지 생각해 보세요.

집단형태

중집단활동(약 10명)

활동유형

신체(게임)

활동자료

고양이 · 강아지 · 토끼 · 병아리 막대(교사용), 고양이 · 강아지 · 토끼 · 병아리 목걸이(또는 머리띠) 각 4개씩 TIP, 호루라기

동물 머리띠

TIP 유아들이 가정에서 실제 기르고 있는 애완동물의 종류로 활동자료를 만들 수도 있다.

동물 수수께끼 내기

자리 바꾸기

- 누가 같은 동물 그림을 가지고 있는지 알아볼게요. 고양이(강아지, 토끼) 목걸이(또는 머리띠)를 가진 어린이는 자리에서 일어나세요.

○ 연습 게임을 한다. 교사가 특정 동물 막대를 들면 같은 동물 목걸이(또는 머리띠)를 가지고 있는 유아들끼리 자리를 바꾸어 앉도록 한다. 동물별로 한 번씩 연습을 해 본다.

○ 게임을 한다.

  - 처음에는 교사가 한 가지 동물 막대를 들어 같은 동물 목걸이(또는 머리띠)를 가지고 있는 유아들끼리 자리를 바꾸어 앉는다.
  - 유아들이 활동방법에 익숙해지면 교사가 동시에 두 가지 또는 세 가지 동물 막대를 들어 막대와 같은 동물 목걸이(또는 머리띠)를 가지고 있는 유아들끼리 자리를 바꿔 앉는다.
  - 교사가 동물 막대 네 개를 모두 들어 모든 유아들이 자리를 바꾸어 앉게 한다.

○ 게임에 사용한 자료를 정리한다.

- 이제 선생님이 드는 막대에 그려진 동물 목걸이(또는 머리띠)를 갖고 있는 사람들은 바구니에 정리해 주세요. 정리한 사람은 자리에 들어가 앉으세요.

유의점

- 유아들이 서로 자리를 바꿀 때 부딪쳐서 넘어지지 않도록 유의한다.

활동 24 동물 사랑하기

활동목표

- 친숙한 동물의 이름과 생활습성을 안다.
- 동물을 사랑하는 마음을 갖는다.
- 동물을 안전하게 다루어야 함을 알고 실천한다.

활동방법

○ 개, 고양이 등 유아들에게 친숙한 애완동물의 행복한 표정이 담긴 사진을 한 장씩 보여 주면서 사진 속 동물의 행동이나 표정, 기분 등에 대해 이야기를 나눈다. TIP

- 이 동물은 무엇일까요?
- 사진 속에 있는 동물이 무엇을 하고 있나요?
- 동물이 어떤 표정을 하고 있나요?
  - 행복한 표정, 즐거운 표정 등
- ○○○반 어린이들은 기분이 어떨 때 이런 표정을 짓나요?
  - 유치원 끝나고 엄마를 만났을 때
  - 선물을 받았을 때 등

○ 행복하지 않은 표정이 담긴 사진을 한 장씩 보여 주면서 사진 속 동물들의 행동이나 표정, 기분 등에 대해 이야기 나눈다.

- 어떤 사진인가요?
- 동물이 어떤 표정을 하고 있나요? 만약 사진 속 동물처럼 어떤 사람이 나를 괴롭히거나 나에게 심한 장난을 친다면 기분이 어떨까요?
  - 화가 날 것이다.
  - 속이 상할 것이다.

○ 동물을 사랑하는 마음으로 동물을 안전하게 다루는 방법에 대해 이야기를 나눈다.

- 우리에게 친구와 같아요. 그래서 동물을 사랑하는 마음으로 보살펴 주어야 해요. 그러면 동물을 잘 돌봐 주려면 어떻게 해야 할까요?
  - 동물이 아픈 곳은 없는지 잘 살펴본다.
  - 동물에게 소리를 지르거나 장난치지 않는다.
  - 동물을 괴롭히지 않는다.
- 앞으로 동물들이 건강하고 행복하게 살 수 있도록 동물을 사랑하는 마음으로 잘 보살펴 주세요.

집단형태

대집단활동

활동유형

사회

활동자료

동물의 행복한 표정이 담긴 사진(예: 먹이를 먹는 모습, 잠자는 모습 등)과 행복하지 않은 표정이나 상황이 담긴 사진(예: 사람들이 동물에게 장난을 치거나 동물을 때리는 모습 등)

TIP 교실에서 키우고 있는 동물이 있는 경우 그 동물에게 먹이를 주거나 관찰했던 경험에 대해 이야기 나누며 활동을 전개할 수 있다.

활동 25

색종이 꾸미기

집단형태

자유선택활동

활동유형

조형 영역

활동자료

색도화지 또는 색종이 TIP 1, 가위, 풀, 다양한 폐품(예: 필름통, 요구르트병, 휴지 속심 등)

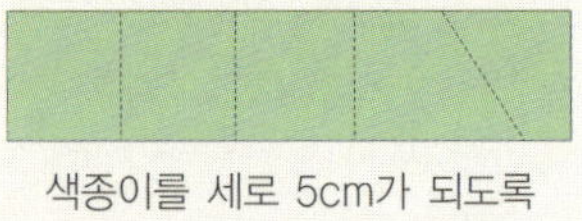

색종이를 세로 5cm가 되도록 자른 후 선을 그어 둔 모습

TIP 1 색종이나 색도화지를 2.5cm나 5cm 정도의 두께로 자른 후 사인펜, 네임펜 등으로 직선이나 사선을 그어 둔다. 만 3세 유아의 소근육 발달 수준을 고려하여 종이를 한 번 혹은 두 번 정도의 가위질로 잘릴 수 있게 준비한다. 가위질이 능숙한 유아들을 위해 긴 색종이도 같이 준비해 둔다.

TIP 2 유아들이 가위를 바르게 잡고 사용할 수 있도록 개별 지도한다.

유아들이 완성한 작품

활동목표

- 가위를 바르게 사용하는 방법을 안다.
- 색종이를 가위로 자르면서 손의 힘을 기른다.
- 한 가지 재료를 이용하여 다양한 방법으로 꾸미는 방법을 안다.

활동방법

○ 필름통이나 요구르트병, 휴지 속심 등 원하는 폐품을 선택한다.

○ 유아들이 원하는 색종이를 선택한 후 가위로 자른다. TIP 2

- 원하는 색종이를 골라 가위로 잘라 보세요.
- 가위를 사용할 때에는 어떤 점을 주의해야 할까요?
    - 가위질을 할 때 손을 베지 않도록 조심한다.
    - 가위를 휘두르거나 가위를 갖고 장난치지 않는다.
    - 가위를 사용하지 않을 때에는 가위를 오므려 책상 위에 올려놓는다.

○ 폐품에 자른 색종이를 붙여서 창의적으로 구성해 본다. 종이띠를 연결하여 붙이거나 상자의 모서리에 일렬로 붙이는 등 다양한 방법으로 구성한다.

- 자른 종이를 모아 휴지 속심에 원하는 모양으로 붙여 보세요. 어떤 모양으로 붙이고 싶나요?
- 다른 색깔의 종이를 잘라 붙여 볼까요?
- 이번에는 더 작게 잘라 붙여 볼까요?

○ 구성된 작품이 무엇처럼 보이는지 자유롭게 이야기한다.

- 완성된 것을 보니 무엇이 생각나나요?

○ 유아들의 완성된 작품을 낚싯줄로 연결하여 모빌 틀에 매달아 전시한다.

색종이를 가위로 자르는 모습

가위로 자른 색종이로 폐품을 자유롭게 구성하는 모습

활동 26
유니바 넘기와 높이 뛰어 탬버린 치기

활동목표
- 유니바 넘기와 높이뛰기를 통해 순발력과 민첩성을 기른다.
- 규칙을 준수하며 신체활동에 참여하는 태도를 기른다.
- 즐거운 마음으로 신체활동에 참여한다.

활동방법
○ 마당에 반원 대형으로 모여 앉는다.

○ 준비물을 소개한다.
- (유니바를 보여 주며) 이것은 무엇일까요?
- 유니바를 가지고 무엇을 할 수 있을까요?
  - 뛰어넘는다.
- 선생님이 유니바를 어떻게 뛰어넘는지 보세요.
  - 두 발을 모은다.
  - 무릎을 구부렸다가 펴면서 유니바를 뛰어넘는다.

○ 활동방법을 소개한다.
- 오늘은 유니바를 이용하여 높이 뛰는 활동을 할 거예요. 어떻게 하는지 잘 들어 보세요.
- 먼저 자기 차례가 되면 자리에서 일어나 준비하세요.
- 선생님이 호루라기를 불면 출발해서 유니바를 두 발 모아 뛰어넘으세요.
- 높이 뛰어서 선생님이 들고 있는 탬버린을 한 번 치세요. 그리고 반대쪽 자리로 와서 앉는 거예요.

○ 유아 한 명이 나와 시범을 보인다.

○ 양쪽에서 유아 한 명씩 나와서 유니바를 넘고, 높이 뛰어 탬버린을 친다.

유의점
- 유아들이 유니바 1개를 넘는 데 어려움이 없다면 유니바의 개수를 2개로 늘려 2단으로 만든다.
- 유아들의 키에 따라 탬버린의 높이를 조절한다.

관련활동
- 율동 '높이뛰기' (42쪽 참고)

집단형태

대집단활동

활동유형

신체(체육)

활동자료

유니바 2개, 탬버린 2개, 호루라기

활동대형 TIP

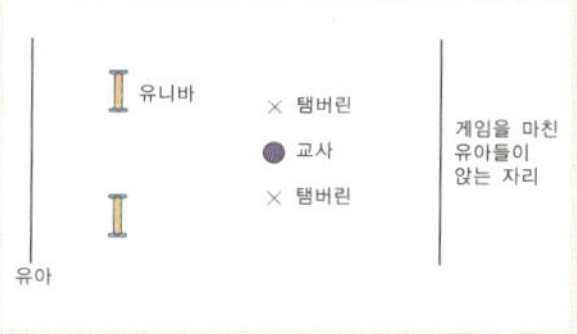

TIP 교사가 양손에 탬버린을 한 개씩 들고 양편의 가운데에 선다.

유니바 넘기

높이 뛰어 탬버린 치기

활동 27

물 그림

집단형태
자유선택활동

활동유형
실외 영역

활동자료
물을 담을 수 있는 작은 양동이, 다양한 굵기와 크기의 페인트 붓

TIP 1 이화유치원의 자전거 길은 벽돌로 되어 있다. 주변에 벽돌길이 없다면 콘크리트 벽면을 활용하여 활동을 실시할 수 있다.

TIP 2 마당 흙바닥에 물조리개로 물을 뿌려 그림을 그릴 수도 있다.

서로 다른 두께의 물 그림 비교하기

활동목표

- 물의 순환 과정에 관심을 갖는다.
- 시간과 온도에 따라 물이 증발함을 안다.
- 다양한 재료를 이용하여 자신의 생각을 창의적으로 표현한다.

활동방법

○ 양동이에 물을 담아 페인트 붓을 들고 자전거 길에 모인다. TIP 1

○ 페인트 붓에 물을 묻혀서 자전거 길에 그림을 그리거나 칠한다. TIP 2

- 붓에 물을 묻혀 그림을 그려 보세요. 어떤 그림을 그렸나요?
- 자신이 좋아하는 동물 그림을 그려 보세요.

자전거 길에 페인트 붓으로 물 그림 그리기

○ 서로 다른 두께와 농도의 물 그림을 비교한다.

- (서로 다른 두께의 붓으로 그린 그림을 보며) 두꺼운 붓으로 그린 그림과 얇은 붓으로 그린 그림이 어떻게 다른가요?
- 붓에 물을 묻히자마자 그린 그림은 진한데, 시간이 지날수록 그림의 선이 연해졌어요. 왜 그럴까요?
  - 붓에 묻어 있는 물이 점점 줄어들기 때문이다.

○ 물이 증발하면서 물 그림이 사라지는 과정을 관찰한다.

- 우리가 그렸던 물 그림이 어떻게 되었나요?
  - 없어졌다.
- 어떻게 된 것일까요?
  - 햇볕에 물이 말라 그림이 사라졌다.

관련활동

- 과학 영역 '물의 증발' (생활주제 '여름', 20쪽 참고)

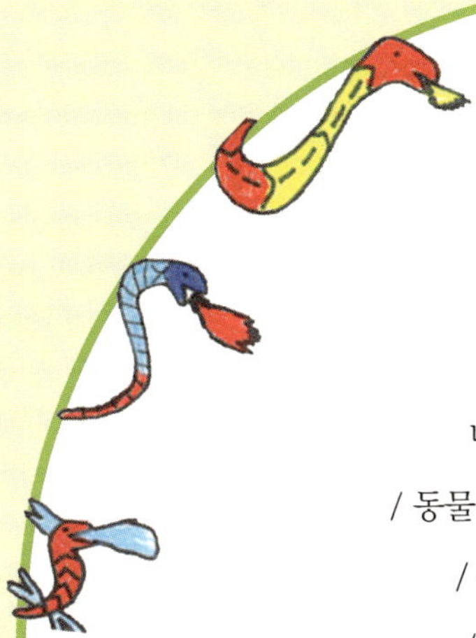

2. 동물원 동물

내가 좋아하는 동물 / 어떻게 할까? / 동물원 만들기 / 동물인형 가게 놀이 / 동물 상상놀이 / 숫자대로 물건 놓기 / 산중호걸 / 동물 모양 OHP필름 꾸미기 / 동물 모양 스텐실 / 거북이 / 거북이 / 동물의 사육제 – 제4악장 '거북이' / 거북이처럼 기어가기 / 거북이가 되어 목적물 돌아오기 / 거북이 길 찾기 / 뱀처럼 기어가기 / 그림자 보고 동물 그리기 / 그림자 놀이 – 동물의 움직임 흉내 내기 / 그림자 보고 동물 알아맞히기 / 동물 모양 콜라주 / 내 그림은 어디에 있을까? / 동물 키 순서대로 놓아 보기 / 붓 그림

활동 1 내가 좋아하는 동물

집단형태

소집단활동(약 5명)

활동유형

이야기나누기

활동자료

동물도감 그림책

활동목표

- 동물원에서 볼 수 있는 여러 가지 동물들의 이름을 안다.
- 동물원에서 볼 수 있는 여러 가지 동물들의 생활습성을 안다.
- 타인에게 자신의 생각을 표현한다.

활동방법

○ 동물원에 가 보았던 경험과 동물원에서 본 동물 중 가장 좋아하는 동물에 대해 이야기를 나눈다.

- 동물원에 가 본 적이 있나요?
- 동물원에서 어떤 동물을 보았나요?
- 동물원에 있는 동물 중 ○○가 가장 좋아하는 동물은 무엇인가요?

○ 유아들이 좋아하는 동물을 동물도감에서 찾아보며, 동물의 특징에 대해 아는 것을 서로 이야기 나눈다.

- ○○와 △△가 좋아하는 코끼리에 대해 알아봅시다.
- (동물도감에서 코끼리와 사진자료가 나온 것을 보며) 코끼리는 어떻게 생겼나요?
  - 코가 길다.
  - 큰 귀를 가지고 있다.
  - 몸집이 크다.
  - '상아' 라고 불리는 이를 가지고 있다.
- 코끼리는 긴 코로 무엇을 할 수 있을까요? 동물원에서 코끼리가 코로 무엇을 하는지 본 사람이 있나요?
- 코끼리는 무슨 음식을 좋아할까요?
  - 나뭇잎이나 나무껍질을 먹는다.
- 코끼리가 좋아하는 것에는 또 무엇이 있을까요?
  - 목욕하기를 좋아한다.

좋아하는 동물 중 '코끼리'에 대해 알아보기

○○○반 유아들이 좋아하는 동물 벽면 게시

○ 위와 같은 방법으로 유아들이 좋아하는 동물의 생김새와 특징, 생활습성에 대해 이야기를 나눈다.

○ 유아들이 좋아하는 동물의 사진과 이야기 나눈 내용을 벽면에 게시한다.

활동 2 어떻게 할까?

활동목표

- 동물원에서 볼 수 있는 여러 가지 동물들의 이름을 안다.
- 동물원에서 볼 수 있는 여러 가지 동물들의 움직임을 표현한다.

활동방법

○ 노래를 소개한다.

- 선생님이 여러 동물이 나오는 노래를 들려줄 거예요. 선생님이 부르는 노래를 듣고 노래 속에 어떤 동물이 나오는지 알아맞혀 보세요.

○ 교사가 노래를 들려준다.

- 어떤 동물이 나왔나요?
  - 코끼리, 거북이, 토끼
- ○○○반 어린이들이 노랫말 속의 동물이 되어 움직여 봅시다. 노랫말 속에서 거북이가 어떻게 움직였나요?
- 코끼리는 어떻게 움직였나요?

○ 교사가 노래를 불러 주면 유아들이 노랫말 속의 동물이 되어 움직인다.

- 선생님이 부르는 노래를 잘 듣고 ○○○반 어린이들이 노랫말에 나오는 동물이 되어 몸을 움직여 봅시다.
  - ♪토끼를 보았니 어떻게 할까 깡충깡충 깡충깡충 뛰고 있구나♪

○ 각자 한 가지씩 동물을 정하여서 몸을 움직여 볼 것임을 이야기한다.

- 이번에는 동물을 한 가지씩 맡아서 몸으로 움직여 봅시다.
- 선생님이 준비한 동물 머리띠를 보고 어떤 동물이 되어 보고 싶은지 마음속으로 정하세요.
- (역할을 정한 후) 각자 맡은 동물이 무엇인지 알 수 있도록 동물 머리띠를 나누어 줄게요.

○ 노래에 맞추어 율동을 한다.

- ○○ 머리띠를 한 사람들은 앞으로 나오세요.
- 노래에 맞추어 몸을 움직여 봅시다.
- 앉아 있는 사람들은 선생님과 함께 노래를 불러 줍시다.

○ 교사와 유아가 함께 노래를 불러 주고 노랫말에 나오는 동물을 맡은 유아는 노래에 맞추어 움직인다. TIP 2

집단형태

중집단활동(약 10명)

활동유형

노래 · 율동

활동자료

거북이, 토끼, 코끼리, 독수리 등 각 동물 머리띠 그림자료 TIP 1

동물 머리띠

활동대형

원대형

TIP 1 유아들에게 친숙한 동물이면서 의태어만 듣고도 동물의 움직임을 알 수 있는 동물로 선정한다.

TIP 2 유아들이 다양한 동작을 표현할 수 있도록 교사는 각 동물들의 여러 움직임을 노랫말 속에 넣어 불러 준다.

독수리 표현하기

코끼리 표현하기

관련활동

- 율동 '거북이처럼 기어가기' (83쪽 참고)
- 율동 '뱀처럼 기어가기' (88쪽 참고)

악 보

어떻게 할까?

활동 3 동물원 만들기

활동목표

- 동물원에서 볼 수 있는 여러 가지 동물들의 종류와 생활습성을 안다.
- 동물원의 형태를 알고 구성한다.
- 친구들과 협력하여 구성물을 만든다.

활동방법

○ 동물원을 다녀온 유아들의 경험을 이야기 나누며 활동을 시작한다.
- (동물원에서 찍은 사진을 보여 주며) 여기가 어디일까요?
- 동물원에 가서 무엇을 보았나요?

○ 여러 종류의 동물 인형을 제시하며 코코블록으로 동물원을 만들 것임을 이야기 한다.
- 블록과 여러 가지 동물 인형들로 친구들과 동물원을 만들어 보기로 합시다. 동물들이 어디에 있었나요? 동물들의 집은 무엇으로 만들까요?
- 악어의 집은 어디로 할까요? 악어의 집은 어떻게 만들까요?
- 코끼리의 집은 어디로 할까요? 코끼리의 집은 무엇으로 만들까요?

○ 유아들이 역할을 나누어 각각의 동물 집을 만든다.
- 호랑이의 집을 만들고 싶은 사람이 있나요?
- 기린이 사는 집을 만들고 싶은 사람이 있나요?

○ 유아들 각자가 만든 동물 집을 하나로 합쳐 동물원을 만든다.

유아들이 만든 동물원

확장활동

- 유아들의 의견을 반영하여 사람 인형을 태울 수 있는 모형 자동차를 놀이에 첨가하면 '동물원 견학 놀이' 로 발전할 수 있다.

집단형태

자유선택활동

활동유형

쌓기 놀이 영역

활동자료

플라스틱 동물 인형, 코코블록, 동물 사진자료 TIP

TIP 동물원에서 볼 수 있는 여러 동물들의 사진을 벽면에 게시해 준다.

코코블록으로 동물 집 만들기

활동 4

동물인형 가게 놀이

집단형태

자유선택활동

활동유형

역할 놀이 영역

활동자료

여러 종류의 동물인형, 동물인형 카탈로그, 종이가방, 계산기

동물인형 가게

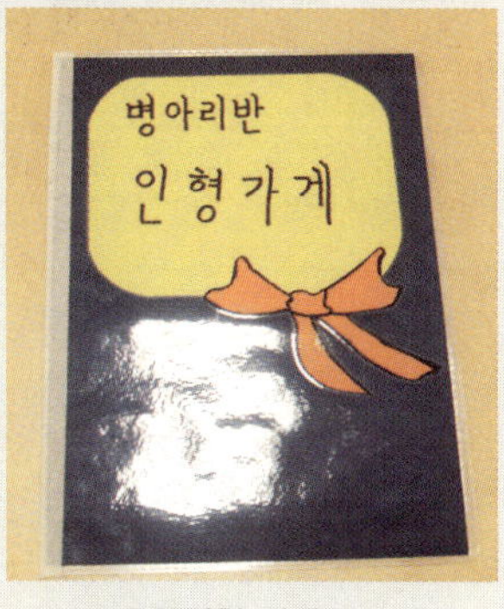

동물인형 카탈로그

활동목표

- 여러 가지 동물들의 이름을 안다.
- 동물인형 가게 놀이에 필요한 역할을 안다.
- 자신의 역할을 이해하고 역할에 맞게 놀이한다.

활동방법

○ '동물인형 가게 놀이'의 소품을 함께 살펴본다.

- 여기 무엇이 있나요?
    - 동물인형
- 어떤 동물인형들이 있는지 살펴봅시다.
- 또 무엇이 있나요?
    - 종이가방
- 종이가방은 무엇을 하기 위해 쓰는 것인가요?
    - 물건을 담아갈 때 쓰는 것이다.

○ '동물인형 가게 놀이'를 소개한다.

- 동물인형 가게 놀이를 하기 위해 선생님이 동물인형, 종이가방, 계산기 등을 준비해 놓았어요.
- 또 인형을 사러 오는 사람들이 어떤 동물인형이 있는지 금방 알 수 있도록 동물인형을 놓는 곳도 준비했어요.

○ 인형 가게에 대한 유아들의 경험을 회상하며 '동물인형 가게 놀이'에서 필요한 역할과 각 역할이 하는 일에 대해 이야기를 나눈다.

- 인형 가게에 가 본 적이 있나요?
- 무엇을 보았나요? 무엇을 샀나요?
- 인형 가게에는 누가 있었나요?
    - 인형 가게 주인
- 인형 가게 주인은 어떤 일을 할까요?
    - 무슨 인형을 살 것인지 손님에게 묻는다.
    - 손님이 고른 인형을 종이봉투에 담아 준다.
- 인형 가게에 온 손님은 무슨 일을 해야 할까요?

- 카탈로그를 보고 마음에 드는 인형을 고른다.
- 고른 인형을 산다.

○ '동물인형 가게' 의 역할을 정하고 놀이를 한다.

- 누가 '동물인형 가게' 의 주인을 하고 싶나요?
- 손님을 하고 싶은 사람이 있나요?
- (손님인) ○○는 어떤 동물인형을 사고 싶은가요?
- 인형 가게 주인은 손님이 산 인형을 종이가방에 담아 주세요.

○ 놀이를 정리하는 방법에 대해 이야기한다.

- '동물인형 가게 놀이' 를 그만 하고 싶을 때에는 어떻게 해야 할까요?
  - 동물인형과 종이가방을 제자리에 정리한다.

유의점

- 놀이를 진행하면서 유아들의 요구를 반영하여 필요한 자료를 첨가한다.

카탈로그 보고 인형 고르기

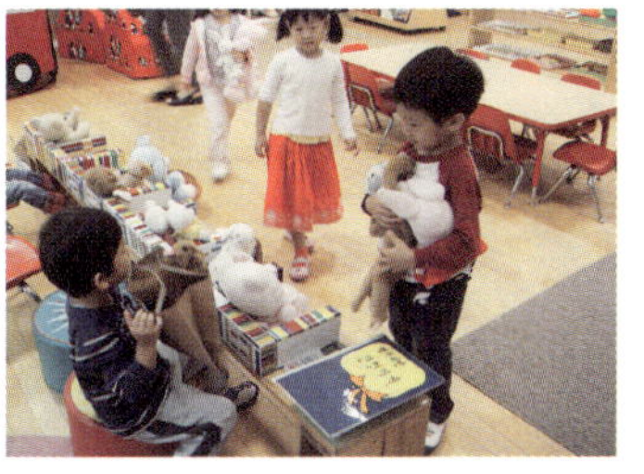

인형 가게에서 동물인형 사기

활동 5 동물 상상놀이

집단형태

자유선택활동

활동유형

언어 영역

활동자료

2면 안전거울 TIP 1, 동물 가면 막대(예: 사자, 거북이, 원숭이, 코끼리 등), 동물 가면과 어울리는 동물무늬 천, 옷걸이

동물 상상놀이 세팅

동물 가면 막대

TIP 1 안전거울 대신 거울시트지를 활용할 수 있다. 거울시트지는 표면이 거울처럼 반들반들하고 물체의 모습이 반사되어 보이는 접착식 시트지이다.

TIP 2 유아들이 각자 동물이 되어 동물의 움직임이나 울음소리를 표현하도록 격려한다.

활동목표

- 동물원에서 볼 수 있는 여러 가지 동물들의 이름을 안다.
- 동물원에서 볼 수 있는 여러 가지 동물들의 생활습성을 안다.
- 자신의 생각을 이야기로 만들어 극으로 표현한다.

활동방법

○ 상상놀이 영역을 소개한다.

- 여기가 어디인 것 같나요?
- (준비된 동물 가면을 보여 주며) 이것은 무엇일까요? 어떤 동물 가면이 있나요?
- 마음에 드는 동물 가면을 써 보세요.

○ 놀이방법을 소개한다.

- 이곳에서는 동물이 되어서 놀이를 할 수 있어요. 각자 마음에 드는 동물 가면과 어울리는 동물무늬 천을 고른 다음, 몸에 걸치고 거울에 내 모습을 비추어 보세요.
- 어떤 동물이 되었나요?
- 가면의 동물처럼 소리를 내 보세요.
- 가면의 동물처럼 움직여 보세요.

동물 상상놀이하기

- 친구들과 동물이 되어서 이야기를 꾸미며 놀이를 할 수 있어요.

○ 역할을 나누어 놀이를 한다.

- 교사가 동물이 등장하는 짧은 이야기를 들려주면, 유아들은 각자 맡은 동물이 되어 상상놀이를 한다. TIP 2
- 유아들이 동물이 등장하는 짧은 동화를 만들어 상상놀이를 한다.

○ 놀이 정리방법에 대해 이야기한다.

- 놀이를 마친 뒤에는 동물 가면은 낮은 책상 위에, 동물무늬 천은 옷걸이에 걸어서 정리하세요.

유의점

- 동물 가면은 책상에, 동물무늬 천은 옷걸이에 걸어 준비하여 유아들이 자료를 찾거나 정리하기 쉽도록 한다.

활동 6

숫자대로 물건 놓기

집단형태

자유선택활동

활동유형

수학 · 조작 영역

활동자료

1~5까지의 수가 적혀 있는 배경판, 동물 그림

'숫자대로 물건 놓기' 활동자료

활동목표

- 동물원에서 볼 수 있는 여러 가지 동물들의 이름을 안다.
- 동물원에서 볼 수 있는 여러 가지 동물들의 생활습성을 안다.
- 1~5까지의 수를 센다.

활동방법

○ 수학 · 조작 교구의 구성물을 살펴본다.

- 쟁반에 어떤 것들이 있나요?
  - 1~5까지의 수가 적혀 있는 배경판
  - 동물 그림
- 배경판에 적힌 숫자와 함께 동그라미 스티커가 붙어 있어요. 각 칸에 붙어 있는 숫자만큼 동물 그림을 놓아 보세요.

○ 표시된 숫자만큼 동물 그림을 빈 칸에 놓아 본다.

- (동그라미 스티커가 두 개 붙어 있는 '2'가 적혀 있는 칸을 가리키며) 빈 칸 옆에 동그라미 스티커가 몇 개 붙어 있나요? 어떤 숫자가 적혀 있나요?
- 동물 그림을 몇 개 놓아야 할까요?
  - 유아가 동물 그림 2개를 동그라미 스티커가 두 개 붙어 있는, 숫자 '2'가 적혀 있는 칸에 놓는다.
- 남아 있는 빈 칸에도 동물 그림을 숫자만큼 놓아 보세요.
  - 빈 칸에 적혀 있는 숫자만큼 동물 그림을 놓는다.

유의점

- 숫자와 함께 동그라미 스티커도 함께 붙여 주어 유아들이 스스로 수를 셀 수 있도록 도움을 준다.
- 유아들이 활동에 익숙해지면 숫자의 범위를 넓혀 준다.

활동 7
산중호걸

애완동물

동물원 동물

활동목표

- 동물원에서 볼 수 있는 여러 가지 동물들의 이름을 안다.
- 즐거운 마음으로 노래를 부른다.

활동방법

○ 노래자료를 이용하여 노랫말을 이야기로 들려준다. TIP 1

- 산 속에 아주 똑똑하고 용기가 있는 호랑이가 살고 있었어요. 동물들은 이 호랑이를 '산중호걸' 이라고 불렀어요. 이 호랑님의 생일날이 되어 공원에서 무도회가 열렸지요. 산 속에 있는 많은 동물들은 생일을 축하하려고 모여들었어요. 각색 짐승들이 호랑님에게 선물로 노래와 춤을 보여 주었어요. 그중에서 토끼는 춤을 추고 여우는 바이올린을 연주했지요.

○ 교사의 노래를 듣는다.

- 이런 이야기가 담긴 노래가 있어요. 선생님이 노래를 불러 줄게요.

○ 피아노 소리를 듣는다.

○ 교사의 노래를 다시 한 번 듣는다. 유아들은 바이올린 소리를 표현한 부분(짠짠 찌자찌자찐짠 찐짠찐짠 하더라)만 부른다.

○ 교사와 유아가 나누어 부른다.

- 교사: 산중호걸이라 하는 호랑님의 생일날이 되어
  각색 짐승 공원에 모여 무도회가 열렸네
- 유아: 토끼는 춤추고 여우는 바이올린
  짠짠 찌자찌자찐짠 찐짠찐짠 하더라

○ 다 함께 부른다. TIP 2

○ 유치원에서 배웠던 동물 관련 노래 3~4개를 부른다.

집단형태

대집단활동

활동유형

노래

활동자료

그림자료(호랑이, 토끼, 바이올린 하는 여우), 게시판

'산중호걸' 노래자료

TIP 1 노랫말 중 '산중호걸', '각색' 등의 어려운 단어는 이야기 속에서 자연스럽게 알려준다. 원곡은 총 24마디로 이루어져 있으나 만 3세의 발달적 특성을 고려하여 끝의 8마디는 생략하여 부른다.

TIP 2 노래가 길고 반복되는 가사가 없으므로, 한 번에 노래 전체를 익히게 하기보다는 여러 차례에 걸쳐 점차 익숙하게 부를 수 있도록 한다.

악 보

산중호걸

작사 · 곡 이요섭

활 동
8 동물 모양 OHP필름 꾸미기

애완동물

동물원 동물

활동목표

- 동물원에서 볼 수 있는 여러 가지 동물들의 이름을 안다.
- 동물원에서 볼 수 있는 여러 가지 동물들의 생김새의 특징을 안다.

활동방법

○ 좋아하는 동물에 대해 이야기를 나눈다.
- 어떤 동물을 좋아하나요?
- 그 동물의 어떤 점이 마음에 들었나요?

○ 좋아하는 동물이 그려진 OHP 동물 모양 그림본을 선택하여 이면지 위에 올려놓는다.
- 어떤 동물 그림들이 준비되어 있는지 살펴봅시다.
- (동물 모양 그림본을 하나 보여 주며) 이 동물은 무엇일까요?
- 원하는 동물 모양을 골라 종이 위에 올려놓으세요.
- 동물 모양이 그려진 종이가 투명하기 때문에 하얀 종이 위에 올려놓고 꾸밀 거예요. 하얀 종이 위에 올려놓고 꾸미면 내가 어떻게 꾸미고 있는지 더 잘 볼 수 있어요.

○ 유성매직, 네임펜 등으로 그림을 그리거나 색칠한다.
- 매직 또는 네임펜으로 동물을 꾸며 보세요.
- 동물의 어느 부분을 꾸민 것인가요?

○ 완성된 작품에 유아들의 이름 스티커를 붙여 준다.

유의점

- 사전에 유아들이 선호하는 동물을 파악한 후 이를 반영하여 동물 모양 그림본을 만들어 제시한다. 유아들이 동물 모양을 정확하게 인식할 수 있도록 두껍고 선명한 테두리를 그려 준다.

확장활동

- 교실 내 자연광이 많이 비치지 않는 곳에 투시물 환등기(OHP)를 설치하여 유아들이 완성한 자신의 조형작품을 투시물 환등기(OHP)에 비춰 감상하도록 한다. 또한 유아들이 완성한 조형작품을 창문에 붙이거나 발로 만들어 전시할 수도 있다.

집단형태

자유선택활동

활동유형

조형 영역

활동자료

OHP필름, 동물 모양 그림본, 유성매직, 네임펜, A4용지(이면지), 이름 스티커

사자 모양 그림본 꾸미기

유아들이 꾸민 다람쥐 모양 OHP필름

활동 9

동물 모양 스텐실

집단형태

자유선택활동

활동유형

조형 영역

활동자료

다양한 동물 모양 스텐실판, 물감 접시, 물감(3색), 색공(지름 5cm 정도) 또는 솜방망이(솜 뭉친 것을 헝겊으로 싸서 나무젓가락과 연결한 것, TIP 1), 색도화지, 셀로판테이프, 물뿌리개 TIP 2

동물 모양 스텐실판

TIP 1 색공 또는 솜방망이에 물감색을 표시하여 물감접시 위에 올려놓아 물감의 색이 섞이지 않도록 한다.

TIP 2 물감의 농도가 너무 묽게 될 경우 스텐실 효과가 제대로 나오지 않기 때문에 약간 빽빽할 정도의 물기가 유지되도록 한다.

'동물 모양 스텐실' 작품

활동목표

- 동물원에서 볼 수 있는 여러 가지 동물들의 이름을 안다.
- 동물원에서 볼 수 있는 여러 가지 동물들의 생김새의 특징을 안다.

활동방법

○ 원하는 색의 색도화지를 책상 위에 올려놓는다. 그 위에 동물 모양 스텐실판을 올리고 셀로판테이프로 판이 움직이지 않도록 고정한다.

- 어떤 동물 그림들이 준비되어 있는지 살펴보세요.
- 어떤 동물 모양을 찍어 보고 싶나요?
- 원하는 모양의 동물 그림을 골라서 색도화지 위에 올려놓으세요.
- 동물 모양 그림이 움직이지 않도록 셀로판테이프를 붙여 줄게요.

○ 동물 모양 스텐실판을 물감을 묻힌 색공이나 솜방망이로 가볍게 두드린다.

솜방망이로 두드리기

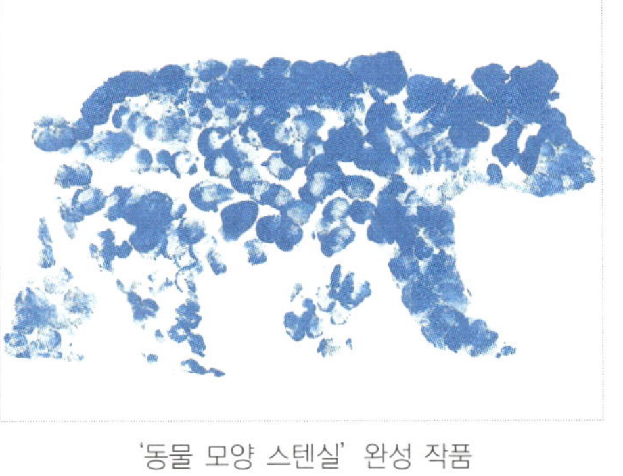

'동물 모양 스텐실' 완성 작품

○ 동물 모양 스텐실판을 들어내어 색도화지에 찍힌 동물 모양을 살펴본다.

○ 완성된 작품을 건조대에 올린다.

○ 완성된 작품을 동물 모양대로 오려서 벽면에 전시한다. 이때 유아들이 각 동물들이 사는 곳에 알맞은 배경을 꾸밀 수 있도록 격려한다.

관련활동

- 조형 영역 '동물 모양 고무도장 찍기' (28쪽 참고)

활동 10 거북이

활동목표

- 거북이의 생김새 및 생활습성을 안다.
- 동물을 안전하게 관찰하는 방법을 안다.
- 동물을 사랑하는 마음을 갖는다.

활동방법

○ 거북이가 있는 수조를 중심으로 원대형으로 모여 앉는다.

○ 거북이의 생김새를 관찰하고 이야기를 나눈다.

- 거북이는 어떻게 생겼나요?
    - 등딱지가 있다.
    - 다리가 4개다.
    - 앞다리와 뒷다리의 생김새가 다르다. 앞다리에는 발가락이 있고 뒷다리에는 물갈퀴가 있다.
    - 목이 짧다.
    - 꼬리가 있다.
- 거북이는 어디에서 사나요?
    - 거북이는 물에서도 살고, 땅에서도 산다.
- 거북이의 먹이는 무엇인가요?
    - 거북이는 채소, 새우, 멸치, 열매 등 가리지 않고 잘 먹는다.

○ 거북이의 움직임을 관찰한다.

- 거북이가 무엇을 하고 있나요? 거북이가 어떻게 움직이는지 살펴봅시다.
    - 네 발로 물에서 헤엄치고 있다.
    - 헤엄을 치고 나서 몸을 말리고 있다.
    - 바위 위로 올라가고 있다.

유의점

- 거북이 등딱지에 유아들에게 해로운 균이 있을 수 있으므로 직접 만지지 않고 눈으로만 관찰하게 한다.

관련활동

- 율동 '거북이처럼 기어가기' (83쪽 참고)
- 신체(게임) '거북이가 되어 목적물 돌아오기' (85쪽 참고)

집단형태

소집단활동(약 5명)

활동유형

이야기나누기 · 과학

활동자료

거북이, 수조 TIP

TIP 새끼 거북이보다는 다 자란 거북이가 움직임이 자유로워 관찰하기 좋다. 거북이가 헤엄치는 모습을 살펴볼 수 있도록 수조는 너무 작지 않은 것으로 준비한다. 거북이는 수중생활과 육지생활을 함께 하기 때문에, 수조 안에 바위 등을 넣어 주어 거북이가 물 밖에서 움직이는 것도 관찰하도록 한다.

거북이 관찰하기

활동 11

거북이

집단형태

대집단활동

활동유형

동시

활동자료

동시 그림자료(산과 해가 그려진 배경판, 거북이)

'거북이' 동시자료

TIP 1 동시의 내용을 이야기로 들려주며 시어가 나오는 순서대로 그림자료를 조작한다.

TIP 2 유아들이 한 행씩 교사를 따라 낭송한다. 자료를 조작하면 유아들의 낭송을 도울 수 있다.

활동목표

- 시를 낭송해 봄으로써 리듬감과 심미감을 느낀다.
- 거북이의 생김새와 움직임에 관심을 갖는다.

활동방법

○ 동시의 내용을 들려준다. TIP 1
- (거북이 그림을 가리키며) 누구일까요?
- (거북이 그림자료를 느린 속도로 움직이며) 거북이가 어떻게 움직이고 있나요?
  - 엉금엉금 움직인다.
  - 느리게 움직인다.
- 거북이가 느리게 기어가고 있어요.
- (해가 산 속으로 사라지는 조작을 하며) 거북이가 엉금엉금 느리게 기어가서 해가 지려고 해요. 우리 다 같이 느리게 기어가는 느림보 거북이에게 빨리 오라고 불러 봅시다.
  - 느림보 거북님 빨리 오세요.
  - 해가 지려고 해요.

○ 동시를 소개한다.
- 이런 이야기가 담긴 짧은 글이 있어요.
- 어린이가 듣고 읽을 수 있게 만든 짧은 글을 '동시'라고 해요.

○ 자료를 조작하며 동시를 들려준다.

○ 동시를 듣고 난 후 느낌과 생각을 나눈다.
- 동시를 들으니 어떤 생각이 들었나요?

○ 교사를 따라서 동시를 낭송한다.
- 선생님을 따라서 낭송해 보세요. TIP 2

○ 교사와 유아가 함께 낭송하다.

유의점

- 시어의 반복되는 구절이 없으므로 유아가 교사와 함께 동시를 여러 번 낭송해 보면서 자연스럽게 익힐 수 있도록 한다. 만약 유아가 동시의 내용을 잘 기억하는 경우 유아와 교사가 나누어 낭송할 수 있다. 유아의 차례가 되면 유아가 낭송할 부분을 교사가 작은 목소리로 미리 이야기해 주어 유아들이 낭송하는 데 도움을 준다.

관련활동

- 과학 영역 '거북이 길 찾기' (87쪽 참고)
- 이야기나누기 '거북이' (79쪽 참고)
- 율동 '거북이처럼 기어가기' (83쪽 참고)
- 신체(게임) '거북이가 되어 목적물 돌아오기' (85쪽 참고)

동 시

거북이

이종문

느림보 거북님
빨리빨리 오세요

엉금엉금 기다가
해가 산에 지겠네

활동 12 동물의 사육제 - 제4악장 '거북이'

집단형태

중집단활동(약 10명)

활동유형

음악감상

활동자료

음악 CD, CD 플레이어, 생상스 사진, 거북이 손인형

거북이 손인형을 움직이며 음악 감상하기

거북이처럼 움직이며 음악 감상하기

활동목표

- 거북이의 움직임에 관심을 갖는다.
- 음악을 감상한 후 느낀 점을 다양한 방법으로 표현한다.

활동방법

○ 음악감상을 할 것임을 소개한다.

- (생상스 사진을 보여 주며) 프랑스라는 나라에 살았던 음악가 생상스는 음악을 만드는 것을 아주 좋아했어요. 그래서 아주 많은 음악을 만들었어요. 생상스는 동물도 아주 좋아했어요. 생상스가 동물을 보고 만든 많은 음악 중에 하나를 감상할 거예요. 음악을 들으면서 어떤 동물을 보고 만든 노래 같은지 잘 생각해 보세요.

○ 생상스의 '동물의 사육제 – 제4악장 거북이'를 감상한다. 약 2분 분량의 노래 중 처음 들을 때에는 앞의 1분만 감상한다. 눈을 감고 편안한 자세로 음악을 감상할 수 있도록 한다.

○ 음악을 듣고 난 느낌을 나눈다.

- 음악을 들으면서 어떤 느낌이 들었나요? 어떤 동물이 생각났나요?
- 생상스는 거북이를 보고 이 노래를 만들었대요.

○ 다시 한번 음악을 감상한다.

- 거북이가 무엇을 하는 것 같은지 생각하면서 들어 보세요.

○ 음악을 듣고 난 느낌을 나눈다.

- 거북이가 무엇을 하는 것 같았나요?
- (거북이가 무엇을 하는 것 같은지 이야기를 나누면서 교사는 거북이 손인형을 움직이며) 거북이가 무엇을 하는 것 같나요?
- 엉금엉금 기어가는 것일까요? 앉은 자리에서 어린이들도 거북이가 되어 엉금엉금 기어 보세요.
- 거북이가 먹이를 찾고 있어요. 거북이가 되어 먹이를 찾아보세요.

○ 거북이가 무엇을 하는 것 같은지 상호작용하며 처음부터 끝까지 음악을 감상한다.

관련활동

- 이야기나누기 '거북이' (79쪽 참고)
- 율동 '거북이처럼 기어가기' (83쪽 참고)

활동 13 거북이처럼 기어가기

활동목표

- 거북이의 생김새 및 움직임의 특징을 안다.
- 거북이의 움직임을 몸으로 표현한다.

활동방법

○ 유아들이 모여 앉아 사진자료를 보며 거북이의 생김새에 대해 이야기를 나눈다.

- 거북이는 어떻게 생겼나요?
  - 등딱지가 있다. 다리가 4개다. 머리가 몸에 비해 작다.

○ 시청각자료를 본 뒤 거북이의 다양한 움직임을 표현해 본다.

- 거북이가 어떻게 움직이는지 보세요.
  - 엉금엉금 네 발로 걷는다.
  - 등딱지 안에 숨는다.
  - 바닷속에서는 빠르게 헤엄친다.
- 시청각자료 속에서 움직이는 거북이의 모습을 따라 해 봅시다.

'거북이' 시청각자료 감상하기

○ '거북이' 음악을 들어 본다.

- 어떤 사람이 거북이가 움직이는 것을 보고 피아노 음악을 만들었는데, 들어 보세요.
- 거북이가 무엇을 하고 있는 모습이 떠오르나요?

○ 유아들이 나와서 거북이가 되어 피아노 소리에 맞추어 움직인다. 유아들이 다양한 동작을 표현할 수 있도록 교사는 거북이의 여러 움직임을 설명한다.

- 음악에 맞추어 거북이처럼 움직여 봅시다.

집단형태

중집단활동(약 10명)

활동유형

율동

활동자료

거북이 사진자료, 거북이의 움직임을 볼 수 있는 시청각자료 TIP

TIP 유아들이 거북이가 움직이는 모습을 자세하게 살펴볼 수 있도록 거북이의 다양한 움직임을 볼 수 있는 시청각자료를 선정한다.

거북이처럼 기어가기

거북이 등딱지에 숨기

관련활동

■ 이야기나누기 '거북이' (79쪽 참고)

악 보

거북이

작사 이은화

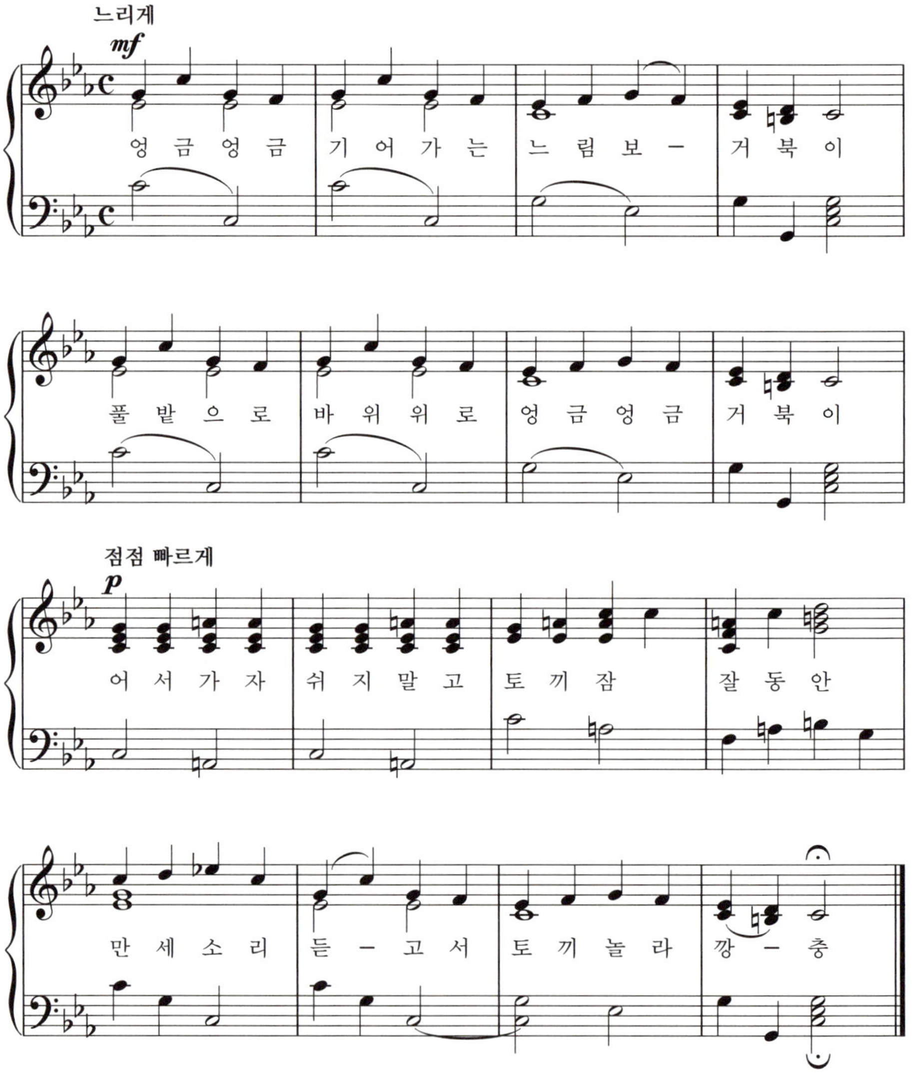

활동 14

거북이가 되어 목적물 돌아오기

애완동물

동물원 동물

활동목표

- 거북이의 움직임에 관심을 가지고 표현한다.
- 팔과 다리의 근력을 기른다.

활동방법

○ 거북이 수수께끼를 낸다.

- 나는 동물이지요. 발이 4개이고요. 헤엄치는 것을 좋아하지요. 내 등에는 딱딱한 껍데기가 있어요. 위험할 때에는 껍데기 속으로 쏙 넣을 수 있지요. 나는 누구일까요?
  - 거북이

○ 거북이의 움직임에 대해 알아보고, 유아 2명이 거북이의 움직임을 보여 준다.

- 거북이는 어떻게 기어가나요?
- 누구 나와서 거북이처럼 기어가는 것을 보여 줄 수 있나요?

○ 활동자료를 보며 게임방법을 이야기한다.

- (거북이 등딱지 자료를 보여 주며) 이것은 무엇일까요?
- (반환점 고깔막대를 가리키며) 무엇이 보이나요?
- 거북이가 되어 고깔막대를 돌아오는 게임을 할 거예요.
- 어떻게 하는 게임인지 잘 들어 보세요.
  - 자기 차례가 되면 출발선에 선다.
  - 거북이가 된 것처럼 등딱지를 어깨에 멘다.
  - 출발선에 서 있다가 신호 악기 소리를 듣고 출발한다.
  - 네 발로 기어서 고깔막대를 돌아온다.
  - 고깔막대를 돌아오면 선생님에게 거북이 등딱지를 벗어서 준다.

거북이처럼 걷기

반환점 돌기

집단형태

대집단활동

활동유형

신체(게임)

활동자료

부직포로 만든 거북이 등딱지 2개, 반환 고깔막대 2개

거북이 등딱지 ① - 앞면

거북이 등딱지 ② - 뒷면

활동대형

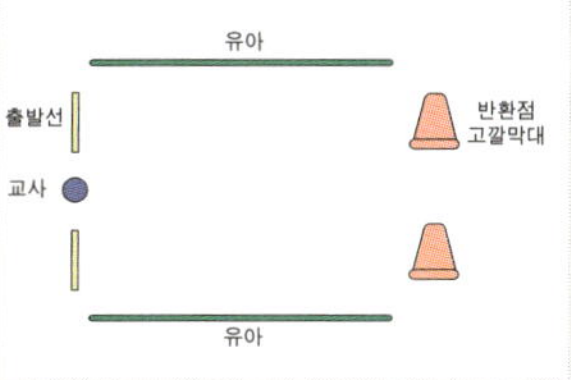

◯ 양편에서 2명씩 출발해서 게임을 하고 개별 평가를 한다.

유의점

- 바닥을 기어가야 하는 게임이므로 손바닥과 무릎에 상처가 나지 않도록 바닥의 상태를 점검한다.
- 유아들이 게임하는 상황을 관찰하여 반환점의 길이를 짧게 또는 길게 조정해 준다.

활동 15 거북이 길 찾기

활동목표

- 거북이의 생김새와 생활습성을 안다.
- 자석의 성질에 대해 안다.
- 공간인식 능력을 기른다.

활동방법

○ 거북이 길 찾기 그림을 살펴보며 활동방법을 알아본다.

- 무엇이 있나요?
  - 거북이 그림에 길이 그려져 있다.
  - 화살표가 있다.
  - 작은 플라스틱 인형, 손잡이 자석이 있다.
- 거북이 등에 있는 길을 찾아가는 거예요.
- 시작하는 곳은 어디일까요?
  - 안으로 들어가는 화살표가 그려져 있는 곳이 시작하는 곳이다.
- 끝나는 곳은 어디일까요?
  - 나가는 화살표가 있는 곳으로 나가는 것이다.
- 인형으로 길을 따라 가 보세요.
- (유아가 길을 따라 인형을 움직일 수 있도록 도와주며) 줄의 안팎을 넘어가면 안 돼요.

○ 자석을 이용하여 활동한다.

- 인형을 손으로 움직이지 않고도 움직일 수 있어요.
- (손잡이 자석을 아크릴판 밑면에 대고 움직이며) 자석으로 움직일 수 있어요.
- 이번에는 ○○가 인형을 움직여 보세요. 인형으로 길을 찾아가 보세요.
  - 교사는 유아가 길을 잘 찾아갈 수 있도록 도움을 준다.

유의점

- '거북이 길 찾기' 의 미로의 수준은 유아들의 수준을 반영하여 교사가 제작한다. 처음에는 단순한 미로를 제시하고 유아들이 길 찾기에 익숙해지면 수준을 높여 준다.
- 유아가 길 찾기를 어려워할 경우 자석의 성질 자체를 탐색하며 놀이할 수 있도록 한다.

집단형태

실내자유선택활동

활동유형

과학 영역

활동자료 TIP

거북이 길 찾기 그림 아크릴판, 손잡이 자석, 작은 플라스틱 인형

'거북이 길 찾기' 아크릴판

아크릴 교구 세팅 모습

작은 플라스틱 인형과 손잡이 자석

TIP 작은 플라스틱 인형 아래에 자석을 붙인다. 인형에 붙이는 자석은 아크릴판을 통과할 수 있는 자력을 가진 것으로 한다. 손잡이 자석의 극은 인형에 붙인 자석과 다른 극으로 준비한다.

활동 16

뱀처럼 기어가기

집단형태
대집단활동

활동유형
율동

TIP 창의적인 동작을 하는 유아가 있으면 언어적으로 격려하거나 앞에 나와서 또래들에게 보여 주는 시간을 마련한다.

음악에 맞추어 다양한 방법으로 뱀처럼 기어가기

활동목표

- 뱀의 움직임의 특징을 안다.
- 뱀의 움직임을 몸으로 표현한다.

활동방법

○ 기어가기 활동을 소개한다.
- 뱀이 기어가는 모습을 몸으로 표현할 거예요.

○ 유아들 몇 명이 나와서 뱀처럼 기어가는 동작을 보여 준다.
- 앞에 나와서 뱀이 움직이는 모습을 보여 줄 수 있는 사람 있나요?

○ 반집단의 유아들이 앞에 나와서 기어가기 동작을 한다. TIP

○ 나머지 반집단의 유아들이 음악에 맞추어 기어가기를 한다.

○ 모든 유아들이 음악에 맞추어 뱀처럼 기어가는 동작을 한다. 이때 교사는 동작과 관련된 이야기를 들려주어 유아들이 다양한 기어가기 동작을 할 수 있도록 격려한다.
- 뱀이 먹이를 찾아다니고 있네요.
- 뱀이 좁은 굴 속으로 들어가고 있어요.

유의점

- 사전 활동으로 시청각자료를 이용해 '뱀'의 움직임을 관찰한다.
- 배로 기어가기, 등으로 기어가기, 머리를 들고 기어가기 등 유아들의 다양하고 창의적인 동작을 격려한다.

활동 17 그림자 보고 동물 그리기

활동목표

- 동물원에서 볼 수 있는 동물들의 이름과 생김새의 특징을 안다.
- 빛과 그림자의 성질에 관심을 갖는다.

활동방법

○ 동물이 그려진 OHP필름을 투시물 환등기(OHP)에 올리고 투시물 환등기(OHP)의 전원을 켜서 벽면에 생긴 그림자를 본다.

- 어떤 동물의 모양인가요?

○ 전지에 비친 그림자를 따라 매직으로 동물 모양을 베껴낸다.

- 종이 위에 비쳐진 동물의 선을 따라 그려 봅시다. ○○는 동물의 어느 부분을 그리고 싶나요? TIP 2
- 풀밭, 나무 등 동물이 사는 곳도 그려 볼까요?

그림자 보고 동물 그리기

유의점

- 투시물 환등기(OHP)에 비춰진 그림이 선명하게 보일 수 있도록 자연광이 많이 비치지 않는 곳에서 활동할 수 있도록 한다.

관련활동

- 조형 영역 '동물 모양 콜라주' (93쪽 참고)
- 조형 영역 '동물 모양 OHP필름 꾸미기' (77쪽 참고)

집단형태

자유선택활동

활동유형

조형 영역

활동자료

동물이 그려진 OHP필름, 전지, 투시물 환등기(OHP) TIP 1, 매직, 네임펜

'그림자 보고 동물 그리기' 자료 준비

TIP 1 교실의 비어 있는 벽면에 전지를 붙이고, 투시물 환등기를 설치하여 전지에 빛을 비출 수 있도록 세팅한다.

TIP 2 유아들과 함께 동물 그림을 살펴보며 다리, 머리, 꼬리, 몸통 등이 어디 있는지 이야기를 나누고 각자 그릴 부분을 맡아서 그린다.

활동 18 그림자 놀이 –동물의 움직임 흉내 내기

집단형태

자유선택활동

활동유형

음률 영역

활동자료 TIP

투시물 환등기(OHP), 그림자막, 숲 속이 연상되는 음악(예: 생상스의 '동물의 사육제', 젤다 OST '코끼리 숲', 프로코피예프 '피터와 늑대' 등), 동그라미 표시

TIP 자연광이 많이 비치지 않는 곳에 투시물 환등기(OHP)와 그림자막을 설치하고 유아들이 움직이는 위치를 표시한다. 벽면에는 여러 동물의 생김새와 움직임을 알 수 있는 사진자료를 붙인다.

생쥐의 움직임 흉내 내기

토끼의 움직임 흉내 내기

거북이의 움직임 흉내 내기

활동목표

- 동물원에서 볼 수 있는 여러 가지 동물들의 생활습성을 안다.
- 신체를 이용하여 동물들의 생김새 및 움직임을 표현한다.
- 빛과 그림자의 성질에 대해 안다.

활동방법

○ 음률 영역에 제시된 놀이를 소개한다.

- 동물의 모습이나 움직임을 나타낸 그림자를 보고 어떤 동물인지 맞혀 보세요.
- 동물이 되어서 그림자를 만들어 보고 싶은 사람은 투시물 환등기(OHP)의 전원을 켜고 동그라미 표시 위에 서세요. 원하는 동물이 되어 움직여 보세요.
- ○○가 어떤 동물의 움직임을 흉내 낸 것일까요? 어떤 동물인지 맞혀 보세요.

○ 다양한 동물들의 움직임을 흉내 내며 그림자 놀이를 한다.

- 자신이 좋아하는 동물이 되어 움직여 보세요.
  - 숲 속이 연상되는 배경음악을 틀어 주면 유아들이 각자가 생각한 동물을 흉내 낸다.
  - 교사와 유아들이 동물이 나오는 노래를 불러 주면 노랫말에 나온 동물의 움직임을 표현한다.
  - 교사가 동물이 나오는 이야기를 들려주면 이야기에 등장한 동물이 되어서 움직임을 흉내 낸다.

○ 놀이를 정리하는 방법을 알려준다.

- 그림자 놀이를 마친 후에는 어떻게 해야 할까요?
  - 투시물 환등기(OHP)의 불을 끈다.

유의점

- 투시물 환등기(OHP)가 그림자 막과 가까우면 상의 초점을 맞추기가 어렵고, 멀면 그림자의 크기가 작게 보이므로 적정한 거리에 둔다.

활동 19 그림자 보고 동물 알아맞히기

애완동물

동물원 동물

활동목표

- 동물원에서 볼 수 있는 여러 가지 동물들의 이름을 안다.
- 동물원에서 볼 수 있는 여러 가지 동물들의 생김새의 특징을 안다.
- 게임방법을 알고 규칙을 지키며 게임을 한다.

활동방법

○ 교사용 작은 게시판에 동물 그림자료(자료 1)를 하나씩 붙여 가면서 각 동물의 이름과 특징에 대해 이야기한다.
- 이 동물의 이름은 무엇인가요?
  - 코끼리
- 어디를 보면 코끼리라는 것을 한눈에 알 수 있지요?
  - 코

○ 커다란 게시판에 동물 그림자료(자료 1)를 미리 붙여 놓는다.

○ 게임 준비물을 살펴보며 유아들이 게임방법에 대해 이야기 나눈다.
- 이것은 누구의 그림자일까요?
  - ○○
- 동물 그림과 동물 그림자로 어떤 게임을 할 수 있을까요?
  - 게시판에서 마음에 드는 동물의 그림자자료(자료 2)를 고른다.
  - 동물 그림자료(자료 1)가 있는 게시판에 그림자자료(자료 2)를 가지고 간다.
  - 동물 그림 카드 위에 같은 동물의 그림자자료를 붙인다.

○ 게임 시 지켜야 할 약속과 태도를 정한다.
- 동물의 모양을 잘 보고 같은 동물의 그림 위에 그림자를 붙여야 해요.
- 앉아 있는 유아들은 게임을 하는 유아가 동물의 그림자를 알맞게 찾는지 봐 주세요.

○ 유아 2명이 나와서 게임 시범을 보인다.

○ 2명씩 나와서 게임을 한다.

유의점

- 활동이 끝난 뒤, 이 자료들은 수학 · 조작 영역에 내어 준다. 유아들이 자유선택

집단형태

중집단활동(약 10명)

활동유형

신체(게임)

활동자료

그림자료(예: 코끼리, 사자, 말, 기린, 공작, 거북이, 양, 사슴, 낙타 등), 각 동물의 그림자 자료 TIP, 게시판 2개, 교사용 작은 게시판, 신호악기

동물 그림자료

동물 그림자자료

활동대형

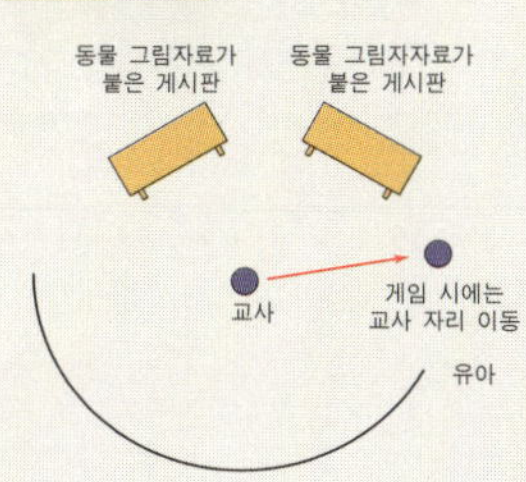

TIP 코팅지 혹은 OHP필름에 동물을 그려 몸체를 까맣게 칠한다.

그림자료 위에 같은
동물의 그림자자료 붙이기

활동 시간에 자발적으로 동물 그림자 놀이를 하며 동물의 생김새에 대해 반복 학습하는 기회를 갖는다.

- 이야기나누기 '내가 좋아하는 동물'에서 유아들이 이야기한 동물들을 바탕으로 동물 그림자료를 제작한다.

관련활동

- 이야기나누기 '내가 좋아하는 동물' (66쪽 참고)

활동 20 동물 모양 콜라주

활동목표

- 동물원에서 볼 수 있는 동물들의 이름과 생활습성을 안다.
- 친구들과 협력하여 작품을 구성한다.
- 다양한 재료를 사용하여 창의적으로 표현한다.

활동방법

○ 종이에 어떤 동물이 그려져 있는지 살펴본다.
- 종이에 어떤 동물이 그려져 있나요?
- 무엇을 보고 이 동물이라고 생각했나요?

○ 동물 모양의 종이에 다양한 재료를 붙인다.
- 다양한 재료를 사용하여 이 동물 모양 그림을 꾸며 볼 거예요. 어떤 것들이 준비되어 있는지 살펴보세요.
- 무엇으로 동물을 꾸미고 싶나요?
- 원하는 모양의 재료를 골라서 여러 가지 방법으로 꾸며 봅시다.
  - 색지나 색종이의 경우 종이를 찢거나 가위로 오려서 붙인다.
  - 비닐이나 포장지 등은 가위로 오리거나 구겨서 붙인다.
  - 털실 등은 뭉치거나 가위로 잘라 붙인다.

○ 크레파스나 색연필 등으로 빈 공간을 색칠한다.

○ 교실 벽면 또는 복도에 완성된 작품을 전시한다. 이때 동물 모양대로 잘라 벽면에 붙인 후 그 동물이 사는 곳을 추가적으로 꾸미도록 한다.

유의점

- 기본적인 재료 이외에 각 동물의 특징을 표현할 수 있는 재료를 준비해 유아들의 표현력을 높여 준다.
  - 코끼리 : 사포, 골판지, 비닐 등
  - 기린 : 털실, 헝겊 등

확장활동

- 다양한 동물 모양을 그린 종이를 16절 크기로 제공하여 개인 작품을 만들도록 할 수 있다.

집단형태

자유선택활동

활동유형

조형 영역

활동자료

동물 형태를 그려 놓은 종이(전지 TIP), 풀, 본드, 본드 받침, 가위, 크레파스, 색연필, 붙일 수 있는 다양한 꾸미기 재료(예: 색종이, 각종 뚜껑, 헝겊, 털실, 끈, 은박 포장지, 사포, 비닐 등)

TIP 조형 '그림자 보고 동물 그리기' 활동 시 그린 동물 모양 그림을 사용할 수 있다.

동물 모양 종이 위에
다양한 꾸미기 재료 붙이기

'코끼리 콜라주' 완성 작품

활동 21

내 그림은 어디에 있을까?

집단형태

대집단활동

활동유형

동극

활동자료

여러 동물이 등장하는 민화(토구도, 신구도, 초충도, 화조도, 호자도)로 구성된 파워포인트 자료, 빔프로젝터, 장구

토구도

신구도

화조도

호자도

초충도

활동목표

- 우리 민화 속에 등장하는 동물들에 관심을 가진다.
- 동물들의 특징적인 움직임을 표현한다.
- 그림을 보고 이야기를 창의적으로 꾸민다.

활동방법

○ 동화 '내 그림은 어디에 있을까?'를 소개한다.

- 그림 속에 살고 있는 호랑이가 바깥세상으로 소풍을 다녀 온 후 다시 그림 속으로 들어가려고 해요. 그런데 호랑이는 자기가 어떤 그림으로 들어가야 하는지 몰라 다른 그림 속의 친구들에게 물어보았어요. 오늘은 자신의 그림을 찾는 호랑이의 이야기를 들려줄 거예요.

○ 주인공인 호랑이가 토구도 속의 토끼, 신구도 속의 거북이, 초충도 속의 나비, 화조도 속의 새, 호자도 속의 아기 호랑이를 불러내어 그림 속에서 무엇을 하고 있는지 묻고 자기가 그 그림 속에 들어가도 되는지 물어보는 형식으로 동화를 들려준다. 교사가 호랑이 역을 맡아 그림 속의 동물들을 불러내어 그림 속에서 무엇을 하고 있는지 물을 때 유아들이 그림 속의 동물이 되어 즉흥적으로 대답한다.

- (신구도 속의 거북이에게) 거북아, 그림 속에서 무엇을 하고 있었니?
  - 유아들의 다양한 의견을 듣는다.

○ 동극의 배역을 정한다.

- 모든 유아들이 호랑이, 토끼, 거북이, 나비, 새, 아기 호랑이가 되어 동극을 할 거예요. 어떤 역할을 맡고 싶나요?
  - 모든 유아들이 호랑이, 토끼, 거북이, 나비, 새, 아기 호랑이 중에서 원하는 배역을 정한다. 같은 배역을 한 유아들끼리 모여 앉는다.

○ 동극을 한다. 장구의 인사장단으로 동극의 시작을 알린다. 호랑이와 관객들이 함께 그림 속의 동물들을 불러내어 그림 속에서 무엇을 하고 있는지 묻는다. 이때 해당되는 민화 그림을 무대 뒤쪽 스크린에 띄워 준다.

- 저기 저쪽에 있는 호랑이는 그림 속에 살고 있는 호랑이입니다. 그런데 호랑이는 자기가 어떤 그림 속으로 들어가야 하는지 알 수가 없었습니다. 그래서 호랑이는 그림 속의 여러 동물을 불러내어 물어보기로 했습니다. 먼저 그림 속에 살

고 있는 토끼를 불러냈습니다.

- 호랑이와 관객들: (설화도 그림을 보며) 토끼야, 나와라.
    - 그림 속의 동물을 맡은 유아들이 나와서 각 동물의 움직임을 보여 주며 등장한다.
    - 호랑이를 맡은 유아들과 관객들이 동물들이 그림 속에서 무엇을 하고 있었는지 물으면 그림 속의 동물을 맡은 유아들이 즉흥적으로 대답한다.
    - 호랑이를 맡은 유아들이 그림 속으로 들어가도 되는지 물으면 동물 배역을 맡은 유아들이 대답을 한다.

○ 동물 배역을 맡은 유아들이 대답을 한다.

- 토끼, 거북이, 나비, 새는 그림 속에 호랑이의 자리가 없다고 대답한다.
- 마지막 그림인 '호자도' 그림 속의 아기 호랑이는 같이 놀 호랑이를 찾고 있다고 말하고, 그림 속으로 들어오라고 한다.

○ 모든 유아들이 일어나서 인사 장단에 맞추어 인사를 하고 동극을 끝마친다.

○ 동극을 평가한다.

- 동극을 하면서 어떤 점이 재미있었나요?
- 동극을 하면서 힘들었던 점이 있었나요?

유의점

- 동극 '내 그림은 어디에 있을까?'는 모든 유아들이 배역을 맡아 참여하는 형식으로서 각 동물 배역을 소집단의 유아들로 구성한다. 이 동극은 유아들이 배역을 맡은 부분에서는 연기자가 되지만 등장하지 않는 부분에서는 관객으로 참여한다.
- 동극 '내 그림은 어디에 있을까?'는 대본 중 일부를 유아들이 즉흥적으로 말하게 하는 동극이다.

'내 그림은 어디에 있을까?' 동극하기

동 극

■ 아래는 실제 동극을 공연한 사례를 바탕으로 재구성한 동극 활동의 예이다. 파란색 글자로 쓴 부분은 유아들의 즉흥적인 반응이다.

내 그림은 어디에 있을까?

저기 저쪽에 있는 호랑이는 그림 속에 살고 있는 호랑이입니다. 그런데 호랑이는 자기가 어떤 그림 속으로 들어가야 하는지 알 수가 없었습니다. 그래서 호랑이는 그림 속의 여러 동물을 불러내어 물어보기로 했습니다. 먼저 그림 속에 살고 있는 토끼를 불러냈습니다. 다함께 토끼를 불러 볼까요?

호랑이와 관객들 토끼야 나와라!
(토끼가 깡충깡충 뛰어서 무대 중앙으로 나온다.)

호랑이는 토끼가 그림 속에서 무엇을 했는지 궁금해졌습니다.

호랑이 토끼야, 그림 속에서 무엇을 했어?
토 끼 떡을 만들고 있었어.
호랑이 재미있겠다. 그런데 내가 너의 그림 속으로 들어가도 되겠니?
토 끼 안 돼! 내 그림에 호랑이는 없어.

그리고 토끼는 그림 속으로 깡충깡충 뛰어서 다시 들어갔습니다. 이번에 호랑이는 그림 속에서 살고 있는 거북이를 불러내기로 했습니다. 다함께 거북이를 불러 볼까요?

호랑이와 관객들 거북아 나와라!
(거북이가 느릿느릿 걸어서 무대 중앙으로 나온다.)

호랑이는 거북이가 그림 속에서 무엇을 했는지 궁금해졌습니다.

호랑이 거북아, 그림 속에서 무엇을 했어?
거북이 맛있는 음식을 먹고 있었어.
호랑이 맛있겠다. 그런데 내가 너의 그림 속으로 들어가도 되겠니?
거북이 안 돼! 내 그림에 호랑이는 없어.

그리고 거북이는 그림 속으로 느릿느릿 걸어서 다시 들어갔습니다. 이번에 호랑이는 그림 속에서 살고 있는 나비를 불러내기로 했습니다.

호랑이와 관객들 나비야, 나와라!
(나비가 날갯짓을 하며 무대 중앙으로 나온다.)

호랑이는 나비가 그림 속에서 무엇을 했는지 궁금해졌습니다.

호랑이 나비야, 그림 속에서 무엇을 했어?
나 비 꽃을 찾고 있었어.
호랑이 재미있겠다. 그런데 내가 너의 그림 속으로 들어가도 되겠니?
나 비 안 돼! 내 그림에 호랑이는 없어.

나비는 날아서 그림 속으로 들어갔습니다. 이번에 호랑이는 그림 속의 새를 불러냈습니다.

호랑이와 관객들 새야 나와라!
(새가 날갯짓을 하며 무대 중앙으로 나온다.)

호랑이는 새가 그림 속에서 무엇을 했는지 궁금해졌습니다.

호랑이 새야, 그림 속에서 무엇을 했어?
새 꿀을 먹고 있었어.
호랑이 맛있겠다. 그런데 내가 너의 그림 속으로 들어가도 되겠니?
새 안 돼! 내 그림에 호랑이는 없어.

새도 훨훨 날아서 그림 속으로 들어갔습니다. 그러다가 호랑이는 그림 속에 살고 있는 아기 호랑이들을 보게 되었습니다. 그래서 아기 호랑이를 그림 밖으로 불러냈습니다.

호랑이와 관객들 아기 호랑이야, 나와라!
(아기 호랑이가 살금살금 걸어서 나온다.)

호랑이 아기 호랑이야, 그림 속에서 무엇을 했어?
아기 호랑이 우리랑 같이 놀았던 큰 호랑이가 없어져서 찾고 있었어.
호랑이 그러면 내가 너의 그림 속으로 들어가도 되겠니?
아기 호랑이 그래.

그래서 호랑이과 아기 호랑이는 그림 속으로 들어가 함께 놀았습니다.

활동 22

동물 키 순서대로 놓아 보기

집단형태

대집단활동

활동유형

수학

활동자료

그림자료(예: 기린, 코끼리, 사자, 오리, 토끼 등), 게시판

'동물 키 순서대로 놓아 보기' 자료

활동목표

- 동물원에서 볼 수 있는 여러 가지 동물들의 이름과 생활습성을 안다.
- 물체의 크기를 비교하는 언어를 사용하는 능력을 기른다.

활동방법

○ 동물 그림자료를 게시판에 하나씩 붙여 가면서 각 동물의 이름과 특징에 대해 이야기한다.

- 이 동물의 이름은 무엇인가요?
- ○○가 어떻게 생겼는지 살펴봅시다.
- 어디를 보면 우리가 이 동물이 ○○라는 것을 한눈에 알 수 있을까요?
  - 기린: 목, 점박이 무늬 / 코끼리: 코, 몸의 크기 / 사자: 갈기, 이 / 오리: 부리, 발 / 토끼: 귀

○ 각 동물들의 크기를 비교한 후 키가 가장 작은 동물부터 가장 큰 순서대로 게시판에 붙여 본다.

- 어떤 동물의 키가 가장 작나요?
- 어떤 동물의 키가 가장 크나요?
- 게시판에 붙어 있는 동물들을 키가 가장 작은 동물부터 순서대로 놓아 봅시다.

○ 활동이 끝난 뒤 유아들이 방안놀이 시간에 놀이할 수 있도록 수학·조작 영역에 놀잇감을 제공한다. 이때 벽면에서 유아들이 그림자료를 조작하여 각 동물의 크기를 비교해 볼 수 있도록 하거나 그림자료를 동일한 비율로 축소하여 쟁반에 담아 주어 책상에 앉아 크기를 비교해 볼 수 있도록 할 수 있다. 방안놀이 시간에 자발적으로 동물의 크기를 비교하는 놀이를 하며 반복 학습의 기회를 갖는다.

유의점

- 활동에서 사용할 동물을 선정할 때에는 유아들에게 친숙하고 한눈에 키를 확연히 비교할 수 있는 것으로 한다.
- 활동에 사용할 동물의 그림자료 또는 사진을 준비할 때에는 실제 크기를 동일한 비율로 축소하여 준비한다.

활동 23 붓 그림

활동목표

- 동물원에서 볼 수 있는 여러 가지 동물들의 생활습성을 안다.
- 다양한 모양을 표현해 봄으로써 창의력을 기른다.
- 대근육을 이용하며 그림을 그린다.

활동방법

○ 스펀지 붓으로 전지에 그림을 그린다. 교사는 유아들이 다양한 동물의 생김새의 특징을 표현할 수 있도록 언어적으로 상호작용한다.

- 어떤 색으로 그림을 그리고 싶나요? 원하는 색의 붓을 가져가세요.
- 기린 목처럼 길게 선을 그려 보세요.
- 사자 갈기처럼 짧은 선을 많이 그려 보세요.
- 거북이 등의 무늬처럼 동그라미를 그려 보세요.
- 뱀이 꼬불꼬불 기어가는 모습을 그려 보세요.
- 커다란 코끼리가 큰 똥을 싸고 갔어요. 어떻게 하면 큰 똥을 그릴 수 있을까요?
- 작은 원숭이가 와서 작은 똥을 싸고 갔어요. 무엇으로 작은 똥을 그릴 수 있을까요?
- 어떤 동물의 어떤 모습을 그려 보고 싶나요? 마음대로 그려 보세요.

○ 활동을 마친 유아는 손을 씻은 후 작업복을 정리한다.

유의점

- 유아들이 자유롭게 서서 이동하며 그릴 수 있도록 의자를 치워 둘 수 있다.
- 동물의 특징을 표현하기 어려워할 경우 자유롭게 그리고 싶은 것을 그릴 수 있도록 한다.

관련활동

- 이야기나누기 '내가 좋아하는 동물' (66쪽 참고)
- 조형 영역 '그림자 보고 동물 그리기' (89쪽 참고)

집단형태

자유선택활동

활동유형

조형 영역

활동자료 TIP

물감(3색), 스펀지 붓, 물뿌리개, 물감 접시, 전지

TIP 물감 접시 위에 물감과 같은 색의 부직포를 알맞은 크기로 잘라 붙인다. 부직포에 물감을 타 놓는다. 스펀지 붓에는 물감의 색과 같은 색지로 색표시를 해 둔다. 물뿌리개로 물을 자주 뿌려 주어 활동 시 물감이 마르는 것을 방지한다.

붓으로 그림 그리기

부 록

1. 주간교육계획안

만 3세 ○○○ 반 주간교육계획안 20○○ 학년도 ○월 ○주	생활주제	동 물	주 제	애완동물
목 표	집에서 기르는 애완동물에 관심을 갖는다. / 애완동물의 종류에 따른 특성을 안다. / 애완동물을 대할 때 주의해야 할 점을 알고, 이를 실천하는 태도를 기른다.			

활동	요일/날짜	월(○일)	화(○일)	수(○일)	목(○일)	금(○일)	평 가
자유선택활동	쌓기 놀이 영역	• 동물 모양 블록으로 동물 구성하기 • 애완동물 집 만들기 • 단추블록으로 구성하기 →					
	역할 놀이 영역	• 애완동물 기르기 • 음식 만들어 친구를 집에 초대하기 • 생일 축하 놀이하기 →					
	언어 영역	• '동물' 생활주제 그림책 읽기 • 동물 울음소리 알아맞히기 →					
	수학 · 조작 영역	• 두 조각 동물 그림 맞추기 • 패턴 구성하기(당근 / 토끼) →					
	과학 영역	• 올챙이 관찰하기 • 열대어 관찰하기 / 선생님과 함께 어항 청소하기 →					
	조형 영역	• 동물 모양 고무도장 찍기 →		• 동물 모양 베껴내기 →		• 물감 그림 그리기 →	
	음률 영역	• 악기 탐색 및 악기 연주하기(큰 북, 소고, 귀로, 트라이앵글, 레인스틱) →					
	실외 영역	• 마당 : 만 3세용 놀이터 및 모래놀이터에서 놀이하기 / 토끼 관찰하기 • 안전하게 자전거 타기 →					
대 · 소집단활동	이야기나누기	• 나의 애완동물 (소, 2집단)	• 개(소, 2집단)	• 고양이	• ○○○ 생일 축하	• 야외학습에서 지켜야 할 약속 • 점심식사 평가	
	동화 · 동극 · 동시	• 병아리(동시)	• 삐악이는 흉내쟁이 (테이블 동화 · 동극 / 소, 2집단)		• 토끼 탈출(반입체)		
	음 악	• 작은 동물원	• 누구하고 노나	• 고양이(새 노래)	• 생일 축하합니다	• 이화 동산 가는 길	
	율 동					• 모두 다 뛰어라(소, 2집단)	
	체 육						
	게 임			• 동물 자리 바꾸기(소, 2집단)			
	수 학				• 당근 수 세기(1～10까지)		
	과 학		• 토끼의 생김새 관찰하기			• 선생님과 함께 어항 청소하기	
	사 회		• 동물을 대할 때 주의해야 할 점 알기				
	바깥 놀이	• '통통통' 율동하기	• 토끼에게 먹이 주기		• 자전거 약속 지키며 안전하게 타기		
	간 식	• 유기농시리얼, 우유	• 증편 1, 오렌지주스	• 미숫가루우유, 현미스낵 2	• 생일간식, 과일, 우유	• 방울유과 2, 감귤주스	
	전이 · 주의집중	• 빌려갈 수 있는 그림책 소개하기	• 토끼 수수께끼 맞히기	• 동물 소리 듣고 알아맞히기	• 다섯 작은 꾀꼬리(손유희)	• 배운 노래 부르기	
	귀가지도	• 실내화 바르게 정리하기 • 빌린 그림책 가져가기	• 집에서 기르는 동물 알아오기. 애완동물 사진이나 책 있으면 가져오기	• 내일은 ○○○의 생일 축하를 할 것임	• 내일은 유치원에서 점심식사를 하는 날임. 도시락 가져오기	• 주말 지낼 이야기하기	
비 고		※그림책 반납 및 대여일			※○○○ 생일 축하	※야외학습 ※점심식사 지도 (학부모조력: ○○○ 어머니)	
총 평							

만 3세 ○○○ 반 주간교육계획안 20○○ 학년도 ○월 ○주	생활주제	동 물	주 제	애완동물 동물원 동물
목 표	내가 좋아하는 동물의 특성에 관심을 가진다. / 동물의 모습, 움직임을 다양한 방법으로 표현한다. / 여러 가지 종류의 동물이 사람과 함께 살고 있음을 알고 동물 사랑하는 마음을 가진다. / 동물을 대할 때 주의해야 할 점을 알고, 이를 실천하는 태도를 기른다.			

활동	요일/날짜	월(○일)	화(○일)	수(○일)	목(○일)	금(○일)	평 가
자유선택활동	쌓기 놀이 영역	• 애완동물 집 만들기 • 동물원 만들기 →					
	역할 놀이 영역	• 애완동물 기르기 • 동물인형 가게 놀이(인형 가게 주인이 되어 보기 / 손님이 되어 보기) →					
	언어 영역	• '동물' 생활주제 관련 그림책 보기 • 동물 상상놀이 →					
	수학 · 조작 영역	• 수대로 놓기 • 동물 발자국과 동물 연결하기 • 끈에 구슬 끼우기 • 숫자 퍼즐하기(1~10) →					
	과학 영역	• ○○○반에서 기르는 동물 돌보기 / 관찰하기(햄스터, 열대어) • 거북이 길 찾기 →					
	조형 영역	• 색종이 잘라 꾸미기 →		• 동물 모양 스텐실 →		• 붓 그림 →	
	음률 영역	• 그림자놀이-동물의 움직임 흉내 내기 • 악기 소리 탐색하기(동물 모양 캐스터네츠, 개구리 귀로, 딱따구리 블록 등) • 악기 연주하기 →					
	실외 영역	• 물 그림 그리기 • 유치원 마당에서 기르는 동물에게 먹이 주기 → • 만 3세 종합놀이터에서 놀이하기(미끄럼틀, 경사로, 그물다리, 등반용 경사벽면, 기어오르기 그물, 원통 기어가기 등) →					
대·소집단활동	이야기나누기	• 내가 좋아하는 동물				• 점심식사 평가	
	동화 · 동극 · 동시		• 토끼의 생활(VTR)		• 코보 아저씨의 동물원(반입체)		
	음 악	• 동물 흉내	• 나는 토끼(새 노래)	• 산토끼	• 작은 동물원	• 어떻게 할까?(새 노래)	
	율 동				• 토끼(소, 2집단)		
	체 육	• 높이뛰기(소, 2집단)					
	게 임			• 토끼처럼 뛰어가서 당근 뽑아오기(소, 2집단)			
	수 학			• 동물 키 순서대로 놓아 보기			
	과 학		• 젤리 만들기(요리)				
	사 회					• 동물 사랑하기	
	바깥놀이	• '모두 다 뛰어라' 율동하기		• 유니바 뛰기	• 높이뛰기		
	간 식	• 양송이스프, 건빵 2	• 색편 1, 우유	• 떡볶이 4, 우유	• 삶은 달걀 1/2, 수박 1	• 순쌀 모닝빵 1, 팩우유 1	
	전이 · 주의집중	• 선생님의 달라진 점 찾기	• '산토끼' 노래 부르기	• 선생님처럼 해 봐요	• 동물 수수께끼 알아맞히기	• 우드블록 친 수 세기	
	귀가지도	• 빌린 그림책 집으로 가지고 가기 • ○○○ 반 어린이들이 좋아하는 동물로 토끼가 선정됨. 토끼에 대하여 알아오기	• 내일도 토끼를 관찰할 것임. 토끼 먹이 가져오기	• 가정통신문 집으로 가지고 가기	• 내일은 유치원에서 점심식사를 할 것임. 도시락 가져오기	• 주말 지낼 이야기하기	
비 고		※그림책 반납 및 대여일				※점심식사 지도 (학부모조력: ○○○ 어머니)	
총 평							

2. 일일교육계획안

담임	원감	원장

학급명	○○○반 (만 3세)	날 짜	20○○년 ○월 ○일 ○요일	수업일수	○○ / ○○○ 일
생활주제	동 물	주 제	애완동물 동물원 동물	소주제	내가 좋아하는 동물의 특성에 관심 가지기 토끼에 대해 알기
목 표	내가 좋아하는 동물의 특성에 관심을 가진다. / 토끼의 생김새와 특징, 움직임을 관찰하고 몸으로 표현한다.				
일일 시간표	9:00~ 등원 및 실내자유선택활동 9:20~ 실외자유선택활동 10:00~ 정리정돈 10:10~ 간식 '색편1, 우유' 10:40~ 이야기나누기 및 VTR 감상 '토끼' (시청각실) 11:00~ 실내자유선택활동 11:30~ 정리정돈 11:40~ 노래 '나는 토끼' (A : 유희실 / B : ○○○반 교실) 11:55~ 평가 및 귀가지도				

시간 / 활동명	활 동 목 표	활 동 내 용	준비물 및 유의점	평 가
9:00~ 등원 및 실내자유 선택활동	• 선생님께 바르게 인사한다.	• 등원 및 인사 나누기 - 출석 표시판에 표시하기	• 이름표(개구리모양), 이름표판	
	• 한 가지 재료를 다양한 방법으로 꾸며 본다. • 색종이를 자르면서 손의 힘을 기른다.	• 실내자유선택활동 하기 [조형] 색종이 잘라 꾸미기 - 필름통, 요구르트병, 휴지 속심 등 원하는 폐품통 선택하기 - 원하는 색, 재질의 종이를 선택하여 가위로 자르기 - 폐품통에 색종이 조각을 붙여 창의적으로 구성하기	• 조형 : 색도화지 또는 색종이, 가위, 풀, 다양한 폐품(필름통, 요구르트병, 휴지 속심 등)	
	• 도형을 합하거나 나누어서 여러 가지 모양을 구성해 본다. • 친구와 함께 사이좋게 놀이한다.	[쌓기] 코코블록으로 동물원 만들기 - 동물원에 갔던 경험 회상하기 - 코코블록으로 동물원 만들기	• 쌓기 : 코코블록, 동물인형들	
	• 동물을 아끼고 사랑하는 마음을 갖는다.	[역할] 애완동물 기르기 - 애완동물 집 만들어 주기 - 애완동물 먹이 주기	• 역할 : 동물인형, 음식 소품, 애완 동물용 집, 쿠션, 방석	

시간 / 활동명	활 동 목 표	활 동 내 용	준비물 및 유의점	평 가
	• 책에 관심을 갖고 그림을 단서로 내용을 추측해 본다. • 책 보는 것을 즐기고 책을 소중히 여긴다.	[언어] '동물' 생활주제 관련 그림책 보기 - '동물원', '토끼 탈출' 그림책 보기		
	• 순서와 규칙을 이해한다.	[수학 · 조작] 토끼 · 당근 패턴 맞추기 - 토끼 · 당근 패턴(토끼 - 당근 - 당근 - 토끼 - (　) - 당근) 살펴보고 빈 칸에 알맞은 그림 넣기	• 수학 · 조작 : 토끼 · 당근 그림 패턴 조작교구, 토끼, 당근 그림 조각(각 2개씩)	
	• 동 · 식물의 변화에 관심을 가진다.	[과학] 올챙이 관찰하기 - 올챙이의 모습 관찰하기 - 올챙이가 좋아하는 먹이 알아보고 먹이 주기	• 과학 : 올챙이, 먹이(당근, 밥풀 등)	
	• 여러 가지 악기를 탐색하고, 즐겁게 연주한다.	[음률] 악기 소리 탐색하기, 악기 연주하기 - 여러 가지 악기의 소리를 들어 보기 / 연주하기	• 음률 : 귀로, 캐스터네츠, 막대 탬버린, 핸드벨, 레인스틱, 마라카스	
	• 올바른 기본 생활습관을 형성한다.	• 기본 생활습관 - 바르게 인사하기, 실내에서 걸어다니기, 정리정돈 잘하기		
9:20~ 실외자유선택활동	• 놀이기구를 바르게 사용한다. • 안전하게 놀이한다.	• 마당에 나가기 전에 화장실 다녀오기 • 겉옷 입고 마당 나갈 준비하기 • 마당의 놀잇감 살펴보기 • 약속을 지키며 안전하게 놀이하기 • 토끼에게 먹이 주기 • 방울토마토 화분에 물 주기 • 마당의 꽃 화분 관찰하기	• 탬버린, 물휴지, 구급약품 * 날씨가 덥고 자외선 지수가 높으므로 오전에 실외자유선택활동을 실시한다.	
10:00~ 정리정돈 및 화장실 다녀오기	• 자기가 가지고 놀던 놀잇감을 정리할 수 있다.	• 놀잇감 제자리에 정리하기 • 자기가 놀았던 곳부터 정리하기 • 친구의 정리 도와주기		
10:10~ 간식 '무지개떡 1, 우유'	• 손을 깨끗이 씻는다. • 음식을 골고루 먹는다.	• 화장실에서 손 씻기 • 간식 먹기 • 간식 먹은 후 언어, 수학 · 조작, 과학 영역 놀이하기	- 간식 준비 및 손 씻기 지도 : ○○○ 교사 * 유아들이 간식을 충분히 소화시킨 후 활동할 수 있도록 지도한다.	

시간 / 활동명	활 동 목 표	활 동 내 용	준비물 및 유의점	평 가
10:40~ 이야기나누기 및 VTR 감상 '토끼' (시청각실)	• 토끼의 생김새, 좋아하는 먹이, 습성에 대하여 안다. • 동물을 관찰하는 태도를 기른다.	◎ 이야기나누기 및 VTR 감상 '토끼' (시청각실) • 자리정돈 및 주의집중: '토끼' 수수께끼 알아맞히기 • 활동 소개하기 - 이화유치원에서 기르고 있는 동물은 어떤 것들이 있을까요? (열대어, 거북이, 토끼 등) - 그중 토끼에 대하여 함께 비디오를 볼 것임 • '토끼' VTR 감상하면서 이야기나누기 - 토끼의 모습 관찰하기 ① 토끼의 털: 짧고 부드러움 ② 눈이 빨갛고 코가 짧음, 길다란 두 개의 귀가 있음 ③ 꼬리는 짧고 동그스름함 - 토끼의 움직임 관찰하기 ① 앞다리보다 뒷다리가 길어서 다른 동물에 비해 깡충하고 잘 뛸 수 있음 ② 토끼의 뛰는 모습, 앉아서 먹이를 먹는 모습 등을 관찰하기 • 토끼의 움직임 흉내 내어 보기 - 비디오 자료를 보면서 토끼의 다양한 움직임(뛰는 모습, 먹이를 먹는 모습 등)을 흉내 내어 보기	• VTR, TV, 이야기나누기 자료	
11:00~ 실내자유선택활동		◎ 실내자유선택활동		
11:30~ 정리정돈 및 화장실 다녀오기	• 자기가 가지고 놀던 놀잇감을 정리할 수 있다.	• 놀잇감 제자리에 정리하기 • 자기가 놀았던 곳부터 정리하기 • 친구의 정리 도와주기		
11:40~ 노래 '나는 토끼' (A : 유희실 B : ○○○반 교실)	• 토끼의 생김새와 움직임에 대하여 관찰한다. • 즐겁게 노래를 부른다.	◎ 노래 '나는 토끼' (A: 유희실 / B: ○○○반 교실) • 자리정돈 및 주의집중: 토끼, 코끼리, 나비 그림 자리 바꾸기 • 자료를 이용하여 노랫말 이야기하기 - 토끼 손인형으로 노랫말 이야기하기 - 안녕, 나는 토끼야. 나는 하얀 털이 있지요. - 내가 어떻게 뛰는지 알고 있니? 깡충깡충 깡충깡충 나를 따라 해 봐요.	• 토끼 손인형 - A집단: ○○○ 교사 - B집단: △△△ 교사	

시간 / 활동명	활 동 목 표	활 동 내 용	준비물 및 유의점	평 가
		• 토끼의 움직임 이야기하기 - 토끼는 어떻게 뛸까요? - 우리도 함께 해 보자. • 다함께 노래를 부르면서 함께 토끼의 움직임 나타내어 보기 - 유아들이 토끼의 움직임을 표현하면서 노래를 자연스럽게 따라 부를 수 있도록 교사가 여러 번 반복하여 불러 주기 • 배운 노래 부르기		
11:55~ 평가 및 귀가지도		• 하루 일과 평가하기 • 토끼에 대한 그림이나 책이 있으면 유치원으로 가지고 오기. 친구들과 함께 볼 것임 • 선생님께 인사드리고 집으로 가기 • 실내화 제자리에 정리하고 가기		
비 고				
총 평				

참고문헌

김진영(2009). 김진영 동요집. 교문사.

사토 와키코(1997). 삐악이는 흉내쟁이. 사계절.

서정숙(1997). 움직이는 동시. 보육사.

이기숙 · 김희진 · 이경미 · 이순영(1998). 유아를 위한 소비자교육 프로그램. 양서원.

이은화 · 김순세(1973). 어린이 춤곡. 형설출판사.

이화여자대학교 사범대학 부속이화유치원(1970). 노래동산.

이화여자대학교 사범대학 부속이화유치원(1987). 유아를 위한 즐거운 놀이.

이화여자대학교 사범대학 부속이화유치원(1992). 3, 4, 5세 어린이를 위한 유치원 교육과정 운영의 실제, ⑤ 동물. 교문사.

〈사진〉

토구도 : http://culturedic.daum.net/dictionary_content.asp?Dictionary_Id=10012203&mode=title&query=%C5%E4%B1%B8

신구도 : http://blog.naver.com/PostView.nhn?blogId=gina710&logNo=100045244777

화조도 : http://art.misulban.com/hyunjin120/view_contents.html?log_no=5998

호자도 : http://www.ohmynews.com/NWS_Web/view/at_pg.aspx?CNTN_CD=A0000279034

초충도 : http://blog.naver.com/PostView.nhn?blogId=bulgogi_bros&logNo=20105025322

저자소개

홍용희 이화여자대학교 사범대학 부속이화유치원 원장
이화여자대학교 사범대학 유아교육과 교수

오지영 이화여자대학교 사범대학 부속이화유치원 원감

김혜전 전 이화여자대학교 사범대학 부속이화유치원 교사

이지현 전 이화여자대학교 사범대학 부속이화유치원 교사

임예지 현 이화여자대학교 사범대학 부속이화유치원 교사

장현진 전 이화여자대학교 사범대학 부속이화유치원 교사

이화유치원
교육과정 운영의 실제

만 3세 ❺ 동물

2011년 12월 19일 초판 인쇄
2011년 12월 26일 초판 발행

지은이 이화여자대학교 사범대학 부속이화유치원
펴낸이 류제동
펴낸곳 (주)교 문 사

책임편집 송은미
본문디자인 아트미디어
표지디자인 이수미
제작 김선형
영업 정용섭·이진석·송기윤

출력 아트미디어
인쇄 동화인쇄
제본 한진제본

우편번호 413-756
주소 경기도 파주시 교하읍 문발리 출판문화정보산업단지 536-2
전화 031-955-6111(代)
팩스 031-955-0955
등록 1960. 10. 28. 제406-2006-000035호

홈페이지 www.kyomunsa.co.kr
E-mail webmaster@kyomunsa.co.kr
ISBN 978-89-363-1154-4 (93370)
ISBN 978-89-363-1141-4 (93370) 전 36권

값 14,000원